KB273906

팔리는 한 문장은 다르다

팔리는 한 문장은 다르다

팔리는 한 문장은 다르다

황현진 지음

비즈니스북스

팔리는 한 문장은 다르다

1판 1쇄 발행   2026년 2월 9일
1판 2쇄 발행   2026년 2월 20일

지은이 | 황현진
발행인 | 홍영태
편집인 | 김미란
발행처 | (주)비즈니스북스
등 록 | 제2000-000225호(2000년 2월 28일)
주 소 | 03991 서울시 마포구 월드컵북로6길 3 이노베이스빌딩 7층
전 화 | (02)338-9449
팩 스 | (02)338-6543
대표메일 | bb@businessbooks.co.kr
홈페이지 | http://www.businessbooks.co.kr
블로그 | http://blog.naver.com/biz_books
페이스북 | thebizbooks
인스타그램 | bizbooks_kr
ISBN 979-11-6254-461-7   03320

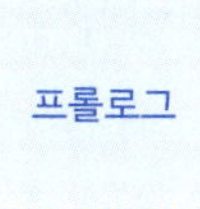

한 문장만 바꿨을 뿐인데,
팔리기 시작했다

"비싸요."

이 말에 당신은 어떻게 반응하고 있나요?

"아니에요. 저희 상품은 비싸지 않아요. 합리적입니다."

"무슨 말씀을요. 다른 곳도 이 정도 합니다."

이렇게 변명하듯 대응하고 있다면?

이 책을 펼친 것은 행운입니다.

세일즈의 고수는 이렇게 묻습니다.

"혹시 생각하신 예산이 어느 정도 되세요?"

단 한 문장만 바꿨을 뿐인데 대화의 흐름은 완전히 달라질 수 있습니다.

저는 홈쇼핑 쇼호스트로 시작해 현재는 국내 유일 '세일즈 작가'라는 타이틀로 수백 업종, 수천 개 이상의 유무형 상품에 '세일즈 언어'라는 날개를 달아 드리며 강의와 컨설팅을 병행하고 있습니다.

그 과정에서 10만 명 이상의 세일즈인들을 만났습니다. 그리고 한 가지 확신을 얻었습니다.

잘 파는 사람과 못 파는 사람의 차이는 단지 열정만이 아니었습니다. 가장 눈에 띈 것 중 하나는 바로 '문장'이었습니다.

상품은 달라도 잘 팔리는 문장의 패턴은 같다는 사실이었습니다.

"이걸로 선택하시면 좋아요." vs. "이 정도면 충분합니다!"

"이거 잘 어울리세요." vs. "대다수가 이걸 선택하시더라고요."

"이전에 쓰시던 제품에는 불편한 점 없으셨어요?" vs. "이전에 쓰시던 제품에서 가장 만족스러우셨던 한 가지가 있다면 뭘까요?"

겨우 한 문장 차이입니다. 아니 고작 몇 글자 차이일 뿐입니다. 그럼에도 고객의 반응은 천지 차이입니다.

이 책에 잘 팔리는 문장의 패턴들을 꾹꾹 눌러 담았습니다. 각 챕터는 3~5분이면 읽을 수 있습니다. 그리고 읽자마자 당장 써먹을 수 있을 겁니다. 어려운 이론이나 추상적인 조언 따윈 없습니다.

오직 '이런 문장을 이렇게 바꿔라!'라는 솔루션만을 담았습니다.

당신이 영업사원이라는 직함을 달고 있지 않아도 됩니다. 인생이 곧 세일즈이기에, 오늘도 누군가를 만나 대화해야 한다면 하루 딱 한 챕터씩만 읽으시며 당신의 말과 글을 팔리는 문장으로 바꿔 보세요. 바꾸는 순간 매출의 앞자리 숫자가, 그리고 고객의 반응이 바뀔 겁니다.

아, 그리고 경어체는 여기까지만 쓰겠습니다. 저의 시간이 소중한 만큼 당신의 시간은 더욱 소중하기에, 빠른 호흡으로 읽어 나갈 수 있게 평어체로 써 내려가겠습니다.

이 작은 책이 당신의 인생에 또 하나의 탁월한 무기가 되길 바라며.

2026년 2월

황현진 드림

| 차례 |

~ PART 1 ~
고객 마음을 열어 주는 한 문장의 힘 [기본]

~ PART 2 ~
# 설득력을 높이는 한 문장의 힘 [심화]

~ PART 3 ~

바로 매출을 만들어 내는 한 문장의 힘 [실전]

PART 4
고객을 단골로 만드는 한 문장의 힘 [고수]

고객 마음을 열어 주는
한 문장의 힘
[기본]

마음의 빗장을 여는 말,
'이 정도면'

"이게 맞는 선택일까?"

"너무 비싼 건 아닐까?"

"금방 질리면 어쩌지?"

고객은 이런 의심과 불안에 사로잡혀 결정을 망설인다.

이때 판매하는 입장에선 보통 상품의 장점을 늘어놓거나, 할인 혹은 한정판을 강조하기도 한다. 하지만 '팔기 위한 말'처럼 들리는 순간 고객의 경계심은 오히려 더 커진다.

이럴 때 필요한 말은 의외로 단순하다.

"이 정도면 충분합니다."

이 문장을 언제 어떻게 쓸 수 있을까?

먼저 최고급 모델을 자신 있게 보여 준다.

"이게 저희 최상급 모델이에요. 성능도 디자인도, 사후관리까지 최고입니다."

고객의 머릿속에는 자연스럽게 '이게 가장 비싼 제품이구나' 하는 기준점이 만들어진다. 그리고 최고가 모델의 가격이 곧 고객의 가격 기준점(앵커링)이 된다.

이어서 그것보다 조금 더 합리적인 가격대의 모델을 슬며시 제안한다.

"그런데 사실 이 정도면 충분하다고 봅니다. 성능도 크게 차이 없거든요. 그래서 많은 분이 이걸 선호하십니다."

고객은 생각한다. '판매자는 무조건 비싼 걸 팔려고 할 거야'라고. 그런데 "이 정도면 충분합니다."라는 말을 듣는 순간 선입견은 깨진다.

'굳이 비싼 걸 추천하지 않는 걸 보면, 이 사람은 정말 나에게 꼭 맞는 상품을 골라 주려고 하는구나!'

그때부터 고객의 마음속에는 신뢰가 싹튼다. 판매자를 '팔려는 사람'이 아닌 '내 편인 사람'으로 느낀다. 그렇게 되면 그 사람이 권하는 상품이 훨씬 매력적으로 보인다.

·

고객의 이익을 생각한다는 느낌을 주어라

거창한 스펙과 화려한 설명보다 때론 "이 정도면 충분합니다."라는 한

마디가 고객의 마음을 움직인다. '이 사람은 내 상황을 이해하고, 내 이익을 먼저 생각하네'라는 신뢰를 주기 때문이다.

게다가 처음에 최고가 모델로 기준점을 세워줬기 때문에 그다음 제안이 훨씬 합리적이고 저렴하게 느껴지는 효과도 생긴다.

다양한 상황에서 '이 정도면'을 활용하는 예를 살펴보자.

① 전자제품 매장

"이게 최상급 모델이라 화질이 최고지만, 가격도 꽤 나갑니다. 사실 이 정도면 충분해요. 성능 차이가 아주 큰 건 아니거든요. 그래서 이걸 더 추천해 드리고 싶습니다."

② 카페 메뉴 추천

"시그니처 메뉴가 트리플 샷 에스프레소라 독특하긴 한데, 커피 향이 진하다 보니 취향을 타더라고요. 차라리 이 정도면 부담 없이 즐길 수 있어요. 마실 때도 훨씬 부드럽고요."

③ 여행 상품 안내

"프리미엄 코스가 호텔부터 식사까지 최고급으로 준비되어 있긴 한데요. 사실 이 정도면 부족함 없이 여행 즐기실 수 있습니다. 비용 대비 만족도가 훨씬 높아요."

고객의 망설임은 당연하다. 억지로 설득하려 하기보단 먼저 최고급 선택지를 보여 주어라. 그리고 이어서 당신이 제안하고 싶은 합리적인 선택지를 권하라. 단, 딱 한 문장만 덧붙이면 된다.

"이 정도면 충분합니다."

그러면 고객도 마음의 빗장을 열어 줄 것이다.

"이 모델도 좋은 거라, 마음에 드는 걸로 하세요." (X)

"이 정도면 충분합니다." (O)

POINT 최고가(최고급) 선택지를 먼저 보여 주자. 그리고 이어서 "이 정도면 충분합니다."라는 말과 함께 보다 합리적인 선택지를 제안해 보자.

고객을 혹하게 만드는
'남도' 화법

"남들도 다 하니, 당신도 하세요!"라는 말, 새롭다고 느껴지진 않는다. 그럼에도 여전히 먹힌다는 사실! 사회적 증거의 법칙, 즉 '남들도 다 한다'라는 말은 큰 힘을 발휘한다.

'뒤처지기 싫다', '혼자 남기 싫다'라는 건 인간 본연의 심리다. 누구나 무리에서 소외될까 봐 두려워한다. 특히 한국인은 남의 시선을 의식하고 눈치 보는 경향이 강하다. 더군다나 그냥 남들이 아니라 나와 비슷한 상황의 사람들이 다 한다면? 호기심은 커지고 경계심은 줄어든다.

핵심은 '당신과 같은 사람들이 다 이렇게 하고 있다'는 걸 콕 집어 주는 것!

•

뒤처지기 싫은 심리를 파고들자

고객이 고민의 늪에서 허우적댄다면 '남도' 화법으로 사회적 증거를 콕 찔러주자. 그냥 '남들도 한다'가 아니라 '고객님 같은 남들도 이미 했다'고 말해 보자.

① '당신 같은 사람' 구체적으로 부각하기

"고객님처럼 7세 미만 아이를 둔 젊은 엄마들이 요즘 이 상품에 열광하세요."

"고객님처럼 은퇴를 앞둔 분들이 '이거면 살 만하다'며 줄 서십니다."

이렇게 '당신과 비슷한 사람들이 이미 줄줄이 선택하고 있다'고 알려준다. 그러면 고객은 이렇게 생각한다.

'설마 근거 없이 저러진 않겠지? 나랑 비슷한 사람들이 저렇게 한다면 한번 고려해 봐야겠다.'

② 당신 같은 사람들이 이미 했다는 것 강조

"고객님 같은 30대 중반 직장인들이 애들 학원비를 아끼면서까지 이 상품으로 투자를 시작하시더라고요."

"다른 고객님들도 마찬가지로, 조기 퇴직을 고민하다가 결국 이걸로 노후 대비하셨어요."

그러면 고객은 속으로, '나랑 비슷한 사람들이잖아? 나만 뒤처지면 안 되지'라며 더 관심을 갖는다.

③ 과장된 후기가 아닌 '살아 있는' 이야기 곁들이기

'유명하니까, 다들 하니까'라는 막연한 멘트만 던지면 고객 입장에서는 그저 상술로 느껴질 수 있으니 실제 고객 사례나 구체적 수치를 제시해 주는 게 좋다.

"지난달에만 고객님처럼 대학생 자녀를 둔 부모님들이 70명 넘게 이 상품에 가입하셨어요."

"지난 주말 반짝 프로모션에 고객님이랑 같은 40대 직장인 열 분이 몰렸어요."

이렇게 수치나 실제 이야기를 곁들이면, 고객은 '정말 나 같은 사람들 얘기구나' 하면서 자연스럽게 마음이 움직인다.

'남도' 문장을 다시 정리해 보자.

"(당신과 똑같은) 남들도 이미 이렇게 했습니다."
"(당신과 비슷한) 그분들이 써 보고는 괜찮다며 후기를 전해 주셨습니다."
"(당신과 상황이 같은) 고객님들이 이 상품을 가장 선호하세요."

같은 처지인 사람들이 이미 선택했다면, 그건 도저히 무시할 수 없는 증거라고 느끼게 된다. 이 심리의 틈새를 파고들어 보자.

"'남도' 선택했습니다. 고객님도 함께하시죠!"

관심을 보이지만 망설이는 고객에겐 이 한 문장이면 충분하다.

한 문장을
바꾸면
팔린다!

"이걸로 하세요. 추천해 드려요." (X)

"고객님과 같은 분들이 선택하셨어요." (O)

POINT 막연하게 추천하지 마라. 고객과 비슷한 상황의 남들도 이미 선택했다고 구체적으로 말하라. 뒤처지기 싫은 심리가 작동한다.

내성적인 고객의 입도
열게 만드는 질문의 기술

내성적인 고객을 마주하면 말 한마디 이어 가기도 쉽지 않다. 상품 설명을 하기도 전에 "좀 더 생각해 볼게요….."라며 도망가거나, 겨우 붙잡아 이야기해도 한두 마디 겨우 들을 수 있다. 이런 고객과는 대체 어떻게 이야기해야 할까?

결론부터 말하면, 질문하라. 특히 미래가 아닌 '과거'부터 물어보는 것이 효과적이다. 미래 가치가 중요한 상품을 권하는데 왜 과거를 먼저 물어봐야 할까?

"어떤 목표를 갖고 계세요?"

"앞으로 어떤 계획이 있으신가요?"

이처럼 미래에 관한 질문을 받으면 누구든 답하기 쉽지 않다. 특히 내성적인 고객이라면 그 순간 입이 얼어붙는다. 뭔가 멋진 포부를 말해야 할 것만 같다. 혹시 대답이 별것 아니면 상대방이 무시하지 않을까 하는 두려움이 생긴다. 게다가 방금 만난 판매자에게 미래 계획을 풀어놓기란 한없이 부담스럽기만 하다. 결국 대화는 '얼음'이 되고 만다.

반대로 과거를 묻는 질문은 훨씬 답하기 쉽다.

"예전에 비슷한 상품을 써 본 적 있으셨어요?"

"처음에 어떻게 시작하게 되셨는지 여쭤봐도 될까?"

이에 고객은 "예전에 친구가 추천해 줘서….''라든지 "그때 가격이 괜찮아서 한번 써봤죠." 같은 이야기를 조심스레 꺼내게 된다. 과거야 누구에게나 있고, 경험해 봤으니 답하기 어렵지 않다. 최소한 미래를 이야기하는 것보다 심리적 부담도 훨씬 적다.

그렇다면 어떤 과거 질문을 건넬 수 있는지 살펴보자.

① 사용 경험 묻기

"이전에 비슷한 제품을 사용해 보셨다면, 어떤 점이 가장 마음에 드셨나요?"

"혹시 불편했던 기억은 없으셨어요?"

아무리 내성적인 고객일지라도 이미 겪어 본 일이니 대답을 망설이지 않는다. "솔직히 청구 절차가 너무 복잡하더라고요."와 같이 원하는 것을 스스로 말할 가능성이 높다.

② 우리 상품(서비스)을 어떻게 알게 되었는지 묻기

"어떤 경로로 저희 쪽을 처음 접하게 되셨나요?"

이 질문 역시 답하기 쉽다. "친구가 소개해 줬어요.", "블로그 리뷰 보고 왔어요." 등의 답변이 쉽게 나온다. 그 친구의 말이든, 블로그의 글이든 어떤 점이 인상 깊었는지 다시 질문할 수 있다. 대화가 이어지면서 고객이 중요하게 여기는 포인트가 자연스럽게 드러날 것이다.

③ 시작한 계기 묻기

"이 분야(일 또는 취미)를 언제, 어떻게 시작하셨어요?"

가장 자연스러운 '스토리 유도 질문'이다. 내성적인 고객이라 하더라도 "아, 그게요. 사실 대학 시절에 친구 따라 처음 접하게 됐는데…". 라며서 자기 이야기를 풀어 나가곤 한다.

④ 대화의 물꼬를 트는 말

처음부터 폭넓게 묻지 말자. '1가지 혹은 2가지'라고 단서를 달면 고객 입장에서 답할 문턱이 낮아진다.

"1~2가지만 말씀해 주세요."

"가장 마음에 드는 점 1가지만 알려 주실 수 있을까요?"

아, 물론 충분한 리액션이 필수다.

"아, 정말요? 그때 힘드셨겠어요!"

"오, 그런 적이 있으셨군요!"

내성적인 고객일수록 상대가 자신의 이야기를 얼마나 성의 있게 듣는지 예민하게 살핀다. 중간중간 리액션을 해 주면 "아, 이 사람이 내 말을 주의 깊게 듣고 있구나." 하고 편안함을 느낀다.

질문을 던지자마자 고객이 답하지 않는다고 조급해하지 말라. '내가 질문을 잘못했나?' 하고 바로 다른 질문으로 넘어가지 않아도 된다. 고객이 생각을 정리할 시간을 주면 꽤 괜찮은 답을 꺼내 놓을 것이다.

●

과거를 묻고 미래를 제안하라

다짜고짜 미래를 묻는 질문은 최악의 질문 중 하나다. 과거 질문으로 먼저 고객의 입을 열어라. 대화가 어느 정도 무르익었을 때 "그렇다면 앞으로는 이런 방법이 어떠세요?"라며 미래 이야기를 꺼내면 훨씬 자연스럽다.

보험 상담을 예로 들어 보자.

상담사: "혹시 이전에 보험 상품 가입해 보신 적 있으세요?"

고객: "네, 한번 가입했었는데… 별로였어요."

상담사: "아, 어떤 부분이 가장 불편하셨을까요?"

고객: "보험금 청구 절차가 너무 복잡해서 몇 번 하다 포기했어요."

상담사: "아, 정말 번거롭죠. 저희는 그 부분을 간소화해 보려고 이런

방식을 쓰고 있는데, 잠깐 보여 드려도 될까요?"

이렇듯 '과거(불편함) → 미래(상품 제안)'의 흐름이 매끄럽게 이어진다.

내성적인 고객에게 "이건 어떠세요?", "앞으로 어떤 계획이 있으세요?"라고 묻는 것은 갑자기 무대 위로 끌어내 '멋진 포부'를 말하게 시키는 것과 다를 바 없다.

반면 "처음에 어떻게 시작하셨나요?", "예전에 뭐가 힘드셨나요?" 같은 과거 질문이라면 술술 이야기할 가능성이 높다. 그리고 그 답변 속에 고객이 진짜로 원하는 바가 고스란히 담겨 있다.

한 문장을
바꾸면
팔린다!

"앞으로 어떤 계획이 있으세요?" (X)

"이전에도 비슷한 경험 있으셨어요?" (O)

POINT 고객에게 미래가 아닌 과거를 먼저 물어라. 부담 없이 말할 수 있다. 그리고 그 안에 고객이 진짜 원하는 것이 담겨 있다.

민감한 사안을
민감하지 않게 묻는 법

고객과 상담을 하다 보면, 가족 사항이나 자산 현황 등 지극히 개인적이고 민감한 사안을 물어봐야 할 때도 있다. 그래야 고객에게 정확한 제안을 해 줄 수 있기 때문이다.

"가족분은 몇 분이신가요? 혹시 부모님과 함께 사시나요?"

"혹시 현재 보유하신 자산 형태가 어떻게 되시는지 여쭤봐도 될까요?"

하지만 자칫 고객 입장에서는 '왜 이런 걸 물어보지?'라며 불편함을 느낄 수 있다. 따라서 민감한 사안을 물었다면, 바로 이어서 그 이유를 말해 주어야 한다. "제가 이렇게 여쭤보는 이유는요."라고 덧붙이며 바로 질문의 목적을 설명하는 것이다.

"자녀분께 물려 주실 자산에는 어떤 것들이 있으세요?"

이렇게 물은 다음, 대답을 듣기 전에 바로 이어 이유를 설명하라.

"제가 이렇게 여쭤보는 이유는요, 그에 따라 제가 권해 드릴 수 있는 선택지가 달라지거든요."

고객의 입장과 편의를 고려하는 느낌을 주는 게 중요하다.

"지금 보유하신 보험이 혹시 몇 개 정도 되시나요? 제가 이렇게 여쭤보는 이유는, 중복 가입 여부에 따라 절약할 수 있는 비용이 달라져서요."

질문을 던진 뒤에 한참 뜸을 들이면 그사이에 고객은 '이 사람이 왜 이런 걸 물어보지?'라고 생각하게 된다. 그러면 대화를 더 불편해할 수 있다. 그렇기에 부연 설명을 바로 이어 가야 한다.

> 질문 후 잠시 침묵 → 고객: "뭐야, 왜 이런 걸 물어보지…?"
> 질문 후 바로 이유 제시 → 고객: "아, 이래서 묻는구나. 오케이, 말해 줄 수 있지."

●

묻는 이유를 바로 설명하라

이렇게 하면 고객은 '나에게 맞춤형 제안을 해주기 위해 물어보는구나' 라고 이해할 수 있다. 당연히 거부감은 줄어들고 신뢰감은 커진다.

다양한 상황에서 적용해 보자.

① 자산 현황 묻기

"지금 혹시 주택 외에 다른 부동산이나 금융자산도 조금 있으신가요? 제가 이렇게 여쭤보는 이유는, 자산 포트폴리오 전체를 고려해야 가장 효과적인 플랜을 짜 드릴 수 있기 때문이에요."

② 가족 사항 묻기

"부모님은 혹시 함께 거주하시는지, 아니면 따로 계시는지 여쭤봐도 될까요? 제가 이렇게 여쭤보는 이유는, 요양 관련 혜택을 받으실 수도 있기 때문입니다."

③ 월수입 묻기

"현재 월수입이 어느 정도 되시는지 여쭤봐도 될까요? 제가 이렇게 여쭤보는 이유는, 적정 월 납입액을 산정해야 부담 없이 상품을 유지하실 수 있기 때문이에요."

민감한 질문을 해야 할 상황에서 "제가 이렇게 여쭤보는 이유는요…." 라는 문장을 질문 직후 붙여 주기만 해도, 고객이 느끼는 심리적 저항은 확 줄어든다. 더 부드럽고 자연스러운 상담으로 이어질 것이다.

한 문장을
바꾸면
팔린다!

"가족은 몇 분이세요?" (X)

"가족은 몇 분이세요? 제가 이렇게 여쭤보는 이유는요….">
(O)

POINT 민감한 질문을 던져야 한다면? 질문을 던진 직후 침묵하지 말고 바로 이유를 설명하라. 그래야 고객의 거부감이 줄어든다.

고객과의 첫 만남에서
호감을 얻는 디테일 화법

나의 이야기를 잘 들어 주길 바라는 마음은 인간이라면 누구에게나 있다. 고객이 뭔가를 말했다면 이렇게 질문하라.

"좀 더 '자세히' 듣고 싶은데요?"

이 한 문장만으로 고객은 당신이 자신의 이야기에 관심이 있으며 귀기울인다고 느낄 것이다. 그러면 고객은 대화의 주인공이 되어 자신의 이야기를 더 들려준다. 대화가 더 깊어지는 만큼 당신을 향한 호감도는 상승한다.

고객 : "사실 제가 이번에 사업을 새로 시작했거든요."

영업사원 : "정말요? 좀 더 자세히 듣고 싶은데요? 어떤 분야인가요?"

이 질문은 세일즈 상황뿐 아니라 일상에서도 유용하다. 예를 들어 동료가 "이번 프로젝트, 생각보다 힘들더라고요."라고 말했다고 가정해 보자. 이때 "그렇군요."라고 하면 대화는 끝나 버린다. 대신 "좀 더 자세히 듣고 싶은데요? 어떤 부분이 특히 힘드셨어요?"라고 되물으면 대화를 더 깊게 이어갈 수 있다.

•

진심으로 묻고 리액션하라

"좀 더 자세히 듣고 싶은데요?"라고 물을 때 주의할 점이 있다.

첫째, 짧고 간결한 형태로 말하라. "조금 더 구체적으로 들려주실래요?"처럼 바꿔 말해도 된다.

둘째, 밝은 톤과 표정을 유지하라. 이 말이 진정한 '관심 표현'이 되려면, 상대방을 바라보는 표정이나 목소리에 반가움과 호기심이 묻어나야 한다.

셋째, 실제로 잘 들어 주어라. "좀 더 자세히 듣고 싶은데요?"라고 해놓고, 정작 상대방이 말하면 시큰둥하게 반응하는 경우가 있다. 이러면 오히려 역효과가 난다. "아, 그래서 어떻게 됐나요?" "와, 진짜 어려웠겠어요."처럼 적극적으로 리액션을 해 주어라. 호감으로 이어진다.

고객과의 첫 만남에서 "좀 더 자세히 듣고 싶은데요?"라고 건네 보자. 고객이 주인공이 될수록 당신은 호감을 얻을 것이며 대화의 깊이는 더 깊어질 것이다. 당신이 좋은 사람으로 느껴지는 만큼 당신의 상품은 더 좋아 보일 것이다.

"아, 그러셨군요. 알겠습니다." (X)

"아, 그러셨군요. 좀 더 자세히 듣고 싶은데요?" (O)

POINT 고객이 꺼낸 말에 "좀 더 자세히 듣고 싶은데요?"라고 반문하라. 고객은 자신을 주인공으로 만들어 준 당신에게 호감을 느낄 것이다.

자기 자랑을
아웃소싱하라

당신이 세일즈맨이라면(물론 인생이 세일즈 그 자체이기에 우리는 모두 세일즈맨이지만) 나의 전문성과 강점을 당당히 알릴 필요가 있다. 그런데 그걸 직접 말하기란 여간 낯 뜨거운 게 아니다. 고객 입장에서도 거부감을 느낄 수 있다.

어떻게 해야 자연스럽게 어필할 수 있을까? 해답은 바로 '내 입'이 아닌 '남 입'을 빌리는 것이다.

예를 들어 "저는 정말 성실한 사람이고, 꼼꼼하게 일 처리하기로 유명해요!"라고 직접 말하지 마라. 대신 남의 입을 빌려 이렇게 말하라.

"오늘 오전에 상담받으신 고객님께서 '믿음이 간다. 이 분야에서 겪어본 사람 중에 제일 꼼꼼한 것 같다'고 말씀해 주시더라고요. 너무 감사

했죠."

이렇게 하면 '자기 자랑을 하네?'라는 거부감은 줄이면서 자연스럽게 나를 자랑할 수 있다.

자기 자랑을 아웃소싱하는 구체적인 방법을 알아보자.

① 에피소드를 살짝 덧붙여라

"지난달에 가입하신 박○○ 님이 전에 다른 설계사랑 상담했을 땐 서류가 부실했는데 이번엔 너무 꼼꼼하게 준비해줘서 놀랐다고 하셨어요."

다른 고객의 이름이나 구체적인 상황이 들어가면 사실감이 배가되고 신뢰감도 올라간다.

② 고객의 이익으로 연결하라

"그 칭찬 들으니까 저도 더 열심히 하게 되더라고요. 그래서 요즘은 상담 전에 미리 고객님 상황을 분석해 두고, 맞춤형 플랜을 짜서 제안해 드리는 데 집중하고 있어요. 귀한 시간 내신 만큼 밀도 있는 상담이 되도록 최선을 다하겠습니다."

당신이 받은 칭찬이 이 고객에게 주는 이익이 뭔지를 알려 주어라.

●

자화자찬하지 말고 남의 입을 빌려라

직접적으로 '나 대단하다'고 말하지 마라. "저는 부지런한 사람입니다!"

보다는 "이전에 상담받으신 고객님께서 저를 참 부지런하다고 말씀해 주셨어요."가 훨씬 자연스럽고 설득력 있다.

① 미용실/헤어디자이너

"지난번에 단발로 자르고 가신 고객님이 '커트가 진짜 정교하다. 집에서 대충 말려도 스타일이 살더라'라고 하시더라고요. 그래서 오늘도 고객님께 어울릴 만한 스타일을 미리 연구해 놨답니다. 이 중에 고르시기만 하면 돼요."

② 화장품/뷰티 카운슬러

"어제 상담받은 분이 '기초부터 차근차근 알려 주셔서 스킨케어 루틴 짜기가 훨씬 쉬웠다'고 말씀해 주셨어요. 고객님도 사용하시면서 단계별로 궁금한 거 있으시면 언제든 말씀 주세요. 제가 잘 설명해 드릴게요."

③ 부동산 중개

"저번 주에 이 매물 보셨던 분이 '다른 곳보다 지역 시세나 근처 편의 시설을 자세히 알려 주어서 결정하기가 훨씬 편했다'고 하셨어요. 고객님도 필요한 정보가 있으시면 제가 싹 정리해 드리겠습니다."

④ 식당 운영/카페

"방금 나가신 테이블에서 '여기 커피가 진짜 고소하고, 디저트가 달지 않아서 좋다'고 칭찬해 주셨어요. 같이 오신 분께서도 만족하실 거예요!"

⑤ 세무/법률 컨설팅

"지난주에 제가 세무 신고 도와드린 분이 '도움받고 나니 한결 마음이 놓인다. 내가 놓친 공제 항목까지 다 챙겨 주셨다'고 하시더라고요. 고객님 상황도 꼼꼼히 살펴봐 드릴게요."

이처럼 자기 자랑은 나의 입이 아닌 남의 입을 통해 전달될 때 더 효과적이다. 그러니 부디 자기자랑을 아웃소싱하자. 그리고 아웃소싱된 자기 자랑 뒤에 반드시 '고객 이익'을 강조하라.

한 문장을
바꾸면
팔린다!

"저는 정말 꼼꼼하게 일하는 사람입니다." (X)

"다른 고객님께서 '꼼꼼하다'고 칭찬해 주시더라고요." (O)

POINT 다른 고객의 입을 빌려 자기 자랑을 하라. 그리고 그 자랑을 고객의 이익으로 연결하라. 거부감 없이 신뢰를 얻는다.

딱 세 글자로 호감 상승, '어디서' 화법

세일즈 고수는 늘 고객 칭찬을 아끼지 않는다. 하지만 초고수는 단순 칭찬을 넘어 고객이 스스로 자랑하게 만든다.

예를 들어 "머리색 너무 예쁘네요!"라고 칭찬하면 "감사합니다."로 끝난다. 이때 딱 세 글자, '어디서'를 추가해 보라.

"머리색 너무 예쁜데요! 어디서 하셨어요?"

'어디서'에는 '좋다'는 감탄이 깃들어 있다. 그래서 고객은 자신의 취향과 안목을 인정받았다는 느낌을 받는다. 그리고 그걸 알려 주고 싶다는 자부심마저 생긴다. 이 순간 고객의 말문은 자연스레 열리게 된다.

"아, ○○ 숍에서 했는데 원장님이 정말 컬러를 잘 뽑으시더라고요!"

고객이 물건이나 서비스를 구매할 때는 아무리 사소한 선택에도 스토리가 있기 마련이다. '어디서'를 물으면 그 스토리를 풀어놓기가 쉽다.

"저만의 아지트 같은 미용실인데요."

"사실 이 브랜드에서만 파는 한정 컬러라고 하더라고요."

고객의 스토리를 성심껏 들어 주어라. 고객은 당신에게 더 큰 호감을 느낀다.

●

고객이 스스로 자랑하게 판을 깔아 주어라

고객을 칭찬하는 다양한 상황에서 '어디서?' 이 세 글자만 살짝 곁들여 보자.

① 패션/뷰티

"와, 이 립스틱 색깔 정말 잘 어울리시는데요. 어디서 구매하셨어요?"

"카디건 색감이 너무 고급스러워요! 어디서 구하신 거예요?"

② IT 기기/전자제품

"이 노트북 스펙 정말 좋네요! 어디서 주문하셨어요?"

"스마트워치 디자인이 독특한데, 어디서 찾으셨나요?"

③ 가구/인테리어

"이 의자 감각적이네요! 어디서 사신 건가요?"

"이 벽지 느낌이 정말 깔끔하네요. 어디서 인테리어하셨어요?"

④ 식품/요리

"재료들이 신선해 보이네요! 어디서 구하시는 건가요?"
"이 반찬 레시피가 특별한데 어디서 배우신 거예요?"

이처럼 '어디서' 딱 세 글자만으로 고객이 스스로 자랑하게 만들 수 있다. 스스로 자랑할 때 느끼는 만족감과 긍정적 감정은 결국 당신에 대한 호감으로 이어진다.

"머리색 너무 예쁘네요!" (X)

"머리색 너무 예쁜데요! 어디서 하셨어요?" (O)

POINT 칭찬 말미에 '어디서?'를 덧붙이자. 고객이 자랑하게 만들고 그저 들어 주어라. 호감이 상승한다.

'불편함'이 아니라 '특별함'을 물어라

고객에게 이렇게 물어본 적 있는가?

"고객님, 혹시 (이전의 선택으로 인해) 불편하지 않으셨어요?"

의도는 좋다. 하지만 이 말이 고객 입장에선 '내가 뭘 꼭 불편해해야 하는 건가?'라는 생각이 들게 한다. 실제로는 별로 불편하지 않았음에도 뭔가 불편함을 꼭 찾아야 할 것만 같다.

고객의 기존 선택에 대한 불편함을 묻는 부정적 질문 대신 "특별한 이유가 있으세요?"라고 물어보자. 당신이 진짜 알고 싶은 건 왜 고객이 그런 선택을 했는지다.

"그렇게 선택하신 특별한 이유가 있으세요?"

이렇게 질문하면 고객도 자신이 왜 이런 선택을 했는지 생각해 볼 수 있다. 고객 입장에선 거부감 없이 편하게 대답할 수 있고, 자신의 니즈나 취향을 자연스럽게 드러낼 수도 있다.

●

특별한 이유가 있는지 물어라

'불편함'이 아닌, '특별함'을 묻는 다양한 사례를 살펴보자.

① 패션/의류

"딱 맞는 핏만 고집하시는 특별한 이유가 있으세요?"

고객이 "아, 별 이유는 없는데요?"라고 하면, "그렇다면 이번엔 살짝 여유로운 핏도 한번 입어 보시면 어떠세요?"라며 새로운 옵션을 부드럽게 제안할 수 있다.

② 보험 설계

"사망 담보만 크게 가져가시는 특별한 이유가 있으세요?"

고객이 "글쎄요, 혹시나 해서 많이 가입했어요." 정도로 답하면, "생존 시 필요하신 보장도 고려해 보시면 좋을 텐데요."라며 추가 보장 선택을 끌어내기 쉽다.

③ 헤어숍

"긴 생머리를 오랫동안 유지하시는 특별한 이유가 있으세요?"

고객이 "딱히… 그냥 편해서요."라고 말하면, "그렇다면 이런 스타일도 한번 해 보시면 어때요? 관리도 수월하고 이미지 변신도 하실 수 있어요!"라며 다른 스타일을 제안할 수 있다.

"고객님, 불편하지 않으셨어요?"라는 질문이 오히려 고객을 더 불편하게 만들 수 있다. "그렇게 하시는 특별한 이유가 있으세요?"라는 질문은 고객의 속내를 자연스럽게 끌어내고, 새로운 제안을 할 수 있는 기회를 만든다.

조금만 다르게 물어보자. 고객과의 대화가 훨씬 부드럽게 풀리는 것은 물론 추가 상품이나 대안을 권유하기도 쉬워진다.

한 문장을 바꾸면 팔린다!

"불편하지 않으셨어요?" (X)

"그렇게 하신 특별한 이유가 있으세요?" (O)

POINT 고객의 기존 선택에 대해 다짜고짜 불편하지 않았냐며 강요하지 마라. 그저 그 선택에 특별한 이유가 있는지 물어라. 고객의 속내가 자연스럽게 드러난다.

고객이 전화로 가격을 묻는다면 이렇게 답하라

안경점에는 10만 원부터 100만 원까지, 다양한 가격대의 안경이 있다. 그렇다면 고객이 전화를 걸어와 가격을 물었을 때 뭐라고 답할까?

만약 "10만 원부터 있습니다."라고만 답하면 어떨까? 이 경우 고객이 '아, 10만 원 정도 하겠구나'라고 '기준점(앵커)'을 잡아 버린다. 막상 방문했을 때 20만 원짜리, 50만 원짜리를 보면, '이건 왜 이렇게 비싸지?'라고 느낄 수밖에 없다. 고가의 모델을 팔 기회는 사라져 버리고 만다. 그렇다고 "저희 안경원은 100만 원 정도 하는 최고가 모델을 취급합니다."라고만 답하면? 아마 고객은 지레 겁먹고 방문조차 하지 않을 것이다.

그러니 이렇게 안내해 보자.

① 먼저 '최고가'를 언급하라

"가격대는 다양합니다. 제일 비싼 건 100만 원 정도 나가는 것도 있고요."

고객의 머릿속에 '최고가가 100만 원'이라는 기준점을 먼저 슬쩍 심어 준다.

② 그다음 '중간 정도에 있는 대다수 선택 범위'를 말해 주어라

"보통 30만 원 선에서 많이들 고르세요."

대부분 고객이 실제로 선택하는 가격대가 어느 선인지 알려주면, '30만 원 정도가 흔한 선택이구나' 하고 보다 편안하게 받아들인다.

③ 마지막으로 '최저가 영역'도 덧붙여라

"물론 10만 원대 제품도 많이 있습니다."

'내가 원하면 10만 원대도 살 수 있구나' 하고 안심하게 된다.

●

최고가, 중간가, 최저가 순으로 답하라

정리하면, '최고가'를 먼저 언급해서 고객의 머릿속에 가장 높은 가격을 앵커로 심는다. 이후 보는 가격대들은 상대적으로 저렴해 보인다. 이어서 중간대를 알려 주면 고객이 '이 정도가 일반적인 선택이구나' 하고 편안하게 인식한다.

끝으로 최저가까지 언급하면 고객은 '아, 더 싼 것도 있구나'하고 안도한다.

"저희 매장엔 가격대가 다양해요. 제일 고가 제품은 100만 원 정도 하기도 하고, 보통 고객님들은 30만 원 선에서 많이 맞추세요. 물론 10만 원대 제품들도 있으니 원하시는 예산에 맞춰 고르실 수 있습니다."

이렇게 안내하면 고객은 부담 없이 방문한다. 그리고 더 높은 가격대 제품으로도 유연하게 안내할 수 있게 된다.

"10만 원부터 있습니다." (X)

"최고급 모델은 100만 원대입니다. 보통 30만 원 선에서 많이 하세요. 물론 10만 원대도 있습니다." (O)

POINT 다양한 가격대가 있는 상황에서 고객이 가격을 물어 오면 최고가-중간가-최저가 순으로 답하라. 고객의 부담은 줄이되 업셀링 역시 가능해진다.

TA 할 때, 고객을 도망가게 만드는 5가지 멘트

잠재 고객에게 전화하는 걸 '텔레폰 어프로치'Telephone Approach, 즉 TA라고 한다. TA를 통해 미팅 약속이나 상담 기회를 잡으려고 할 때 다음 5가지 표현만은 피해야 한다.

① "(내 이름은 말하지 않고) ○○회사인데요."

내 이름을 밝히지 않고, 회사 이름만 슬쩍 던지면 고객은 거부감을 느낀다. "안녕하세요, 저는 ○○회사 황현진입니다."라고 이름을 꼭 밝히자. 전화하는 사람이 누구인지를 분명히 밝히는 건 최소한의 예의다.

② “저희 회사 들어보셨나요?”

“우리 회사 알고 계세요?”라고 묻는 순간, ‘잘 모르는데… 이 회사 그다지 유명하지 않나? 왜 이렇게 자신감이 없지?’라고 느낄 수 있다.

회사 소개는 자신감 있게 하자. 필요하면 “우리 회사는 이런 상품(서비스)을 제공하며, 이런 특징이 있습니다.”라고 당당하게 설명하라.

③ “바쁘시겠지만…”

전화를 받았다는 건, 이미 고객이 그 순간엔 어느 정도 여유가 있었다는 뜻이다. 정말 바빴다면? 전화를 못 받았을 것이다. 그럼에도 “바쁘실 텐데…”라고 굳이 안 해도 될 말을 하는 순간, 당신은 바쁜 사람을 귀찮게 하는 그런 사람이 되어 버린다.

④ “잘 아시겠지만…”

이런 말은 “당신도 이 정도는 당연히 알죠?”라는 유쾌하지 않은 뉘앙스를 전할 수 있으니 조심하라.

더군다나 ‘잘 아시겠지만’이라는 말은 겸손과 겸양의 표현이라기보다는 그저 내 자신감을 깎아 먹는 표현으로 느껴질 수 있기에 고객과의 첫 대화에선 적절한 표현이 아니다. 꼭 전하고 싶거나 강조하고 싶은 말이 있거든, ‘잘 아시겠지만’보다는 차라리 “이 부분은 정말 중요한데요.”라고 화두를 던져라. 훨씬 더 강한 자신감이 느껴진다.

⑤ **"잠시만 시간 내주시면…"**

"잠깐만 시간 내주세요."라는 말은 "별거 아니지만 잠깐 들어 달라."는 말로 들린다.

그보단 "이건 고객님께 중요한 이야기이기에 꼭 말씀드리고 싶습니다."라고 말하라. 그래야 고객이 귀 기울인다.

●

5가지 금지 표현을 반대로 하라

이제 앞에서 정리한 5가지 금지 표현을 딱 반대로 해 보자.

먼저 내 이름을 밝힌다.

"안녕하세요, ○○회사 황현진입니다."

회사 소개는 자신감 있게 하라.

"저희 회사는 이러이러한 강점이 있습니다."

'바쁘시겠지만' 대신 간단히 시간 가능성만 확인하라.

"지금 시각이 00시 00분인데요, 00분까지 3분 정도만 중요한 말씀 딱 2가지만 드리겠습니다."

'잘 아시겠지만' 대신 내가 전문가임을 자연스럽게 드러낸다.

"이런 부분은 너무 중요한데요, 놓치기 쉬울 수 있습니다."

'잠시만 시간 내주시면' 대신 중요성을 짧고 굵게 강조하라.

"고객님께 도움이 될 만한 내용이라 꼭 설명드리고 싶습니다."

성공하기를 원한다면, 실패하는 방법을 배운 후 그 반대로만 하면 된다. TA도 마찬가지다. 5가지 금지 표현을 기억한 다음 하지 않으면 된다. 이 표현들만 조심해도 고객은 당신을 전문적이고 준비된 사람으로 느낀다. 대화를 계속 이어 갈 가능성은 훨씬 높아진다.

"바쁘시겠지만, 잠시 시간 내주시면…" (X)

"도움이 될 내용이라 꼭 설명 드리고 싶습니다." (O)

POINT TA 시, 5가지 표현만큼은 되도록 쓰지 마라. 자신감 있게, 중요한 내용임을 확신을 가지고 전하자.

하수는 사양을 묻지만, 고수는 사람을 묻는다

세일즈 현장에서 흔히 하는 실수는 고객을 만나자마자 사양부터 묻는 것이다. "어떤 사양을 원하시나요?"라고 물으면, 고객이 당신에게 호감을 느낄 가능성은 희박해진다.

그러니 부디 '사양'을 묻기 전, '사람'부터 물어라. "가족은 몇 분이세요?", "누구와 함께 이용하시려는 건가요?"와 같이. 그러면 고객은 자신에게 인간적인 관심을 기울여 주는 당신에게 호감을 느낀다. 나아가 자신의 상황을 함께 고민해 주는 조력자로 인식한다.

더욱이 가족 구성, 생활 패턴, 취향 등을 알아야 더 구체적이고 알맞은 제안을 할 수 있다. 예를 들어 자동차를 판다고 해보자. 고객이 자녀가 둘 있고 장거리 운전을 자주 한다는 정보를 알면 실용성과 안전성을 강조하며 적절한 모델을 추천해 줄 수 있다.

●

'사람' 질문으로 인간적인 유대감을 형성하라

사람에 관한 질문을 하면 고객은 당신이 자신의 상황을 진심으로 이해하려 한다고 느낀다. 다양한 분야의 예를 살펴보자.

① 자동차 판매

"가족분들이랑 주로 타실 건가요? 아이가 몇 살인지 궁금해요. 장거리 여행도 자주 다니시나요?"

② 가구/인테리어

"집에 어른이 함께 사시나요? 식구들 라이프스타일이 어떤지 알고 싶어서요. 아이 공부방 용도도 중요하게 보시는지요?"

③ 보험 설계

"고객님 가족 구성은 어떻게 되세요? 아이가 있으신지, 부모님과 동거하시는지에 따라 보장 우선순위가 달라져서요."

하수는 만나는 순간 사양부터 묻고, 고수는 만나는 순간 사람부터 묻는다. 이 작은 순서와 관점의 차이가 세일즈 결과를 가르는 결정적 요인이 될 수 있다.

"원하시는 사양이나 예산은 어떻게 되세요?" (X)

"사양과 예산 말씀드리기 전에, 혹시 가족은 몇 분이세요?" (O)

POINT 다짜고짜 사양이나 예산을 묻지 마라. 먼저 '사람'을 물어라. 그래야 고객이 원하는 진짜 제안을 할 수 있다.

공감각적 심상으로
고객의 감각을 건드려라

학창 시절 국어 시간에 '공감각적 심상'이라는 말을 들어 봤을 것이다. '하나의 표현에 두 가지 이상의 감각을 섞는 것'을 말한다.

예를 들어 '은빛(시각) + 향기(후각)' 역시 공감각적 심상이 활용된 표현이다. '은빛'은 시각적인 속성이지만 여기에 '향기'라는 후각적 속성을 붙이면, 듣는 사람에게 특이한 느낌을 준다. 고객의 오감을 입체적으로 건드려라. 2가지 감각을 절묘하게 섞어서 내 상품을 고객이 3D로 느끼게 하라. 말이 안 되는 것 같지만, 바로 그 '말도 안 되는' 느낌이 고객에게 강렬한 인상을 남길 수 있다.

평범한 표현 대신 상품의 매력도를 높이는 법

이러한 공감각적 심상을 세일즈에도 활용할 수 있다. 단순히 "색상이 예쁩니다."라고만 말하면 평범하다. 그런데 "'따뜻하면서도 달콤한 장미색'이라고 생각하시면 돼요."라고 설명하면 공감각적 심상이 만들어 내는 '말도 안 되는' 그 표현이 상품의 독특한 매력을 만들어 낸다. 그리고 고객을 상상하게 만든다.

① 화장품

'부드럽고 촉촉한 크림' 대신 '은빛 윤광이 퍼져 나오는(시각) 고소한(미각) 크림'처럼 공감각적 표현을 시도해 보라. 고객은 '고소한?'이라며 의아해하면서도 '풍부한 크림의 제형감'을 상상할 수 있다.

② 식음료

'맛있는 레모네이드'도 좋지만 '시원한 레몬 향이 입안에 터지는 레모네이드'라고 한다면? '시원한(촉각)'과 '레몬향(후각)'이 섞여 보다 특별한 레모네이드로 느껴진다.

③ 패션·의류

'가볍고 편한 스포츠웨어'라고만 하면 그다지 특별하지 않다. 대신 '산들바람의 색을 머금은 스포츠웨어'라고 말해 보라. '바람(촉각)'과 '색(시각)'이라는 생소한 조합이지만, '얼마나 가볍고 산뜻할까?'라고 상상하게 만든다.

④ 문구·펜

'필기감이 좋다'보다 '달콤한 필기감'이라고 하면 호기심이 생긴다. "써 보면 부드럽고 기분이 좋아요."라는 설명을 덧붙이면, 고객은 곧바로 '체험해 보고 싶다'는 욕구를 느낀다.

이런 식으로 2가지 이상의 감각을 '말도 안 되게' 섞으면 상품의 매력도가 확 커진다. 공감각적 표현을 잘 활용해서 고객 머릿속에 딱 박히는 내 상품의 매력을 전달해 보자.

"매콤한 닭발." (X)

"새빨간 맛 닭발." (O)

POINT 공감각적 심상을 활용해 보자. 서로 다른 감각이 섞이는 순간, 더 특별한 상품으로 와닿게 된다.

잘 파는 사람은 스몰토크가 아닌 스킵토크를 한다

고객을 만나 아이스브레이킹을 위한 스몰토크를 시도해 본 적이 있는가? 오늘부터 스몰토크의 효과에 대해서도 의심해 보자. 스몰토크가 고객이 느끼기에 재미있고 흥미롭다면 모를까, 재미도 없는 그저 그런, 상투적이고 뻔한 말이라면? 과감하게 생략해 보라.

때로는 스몰토크보다는 스킵토크가 더 전문가다워 보일 수 있다.

"안녕하세요, 저는 ○○입니다. 제가 오늘 만나 뵙자고 한 이유를 바로 말씀드리고 싶습니다. 왜냐하면 제 시간이 소중한 만큼, 고객님의 시간은 더 소중하다고 생각하기 때문입니다."

이 한마디를 꺼내며 바로 본론으로 들어가면, 고객은 '오, 이 사람은 괜한 말로 시간 낭비를 안 하려는구나. 왠지 더 전문가 같은 걸'이라고 생각할 가능성이 크다.

•

거두절미하고 본론으로 들어가라

물론 스몰토크가 불필요하다는 말은 아니다. 분위기가 딱딱할 때 분위기 전환용으로, 혹은 상담 중간중간에 짧게 스몰토크를 섞는 건 당연히 도움이 될 수 있다.

하지만 만나자마자 의무감처럼 억지 스몰토크를 하면 타고난 유머 감각이 없는 이상 양쪽 모두 어색해지고, '얼른 본론이나 듣고 싶다'는 생각만 커질 수 있다. 심지어 피곤해하는 고객도 있을 수 있다.

당신이 파는 상품이나 서비스가 고객에게 유익함을 주고 그걸 능숙하게 안내할 수 있다면, 굳이 장황한 서두나 어설픈 농담으로 시간을 끌 필요가 없다.

스킵토크를 통해 처음부터 결론을 말해 보자. 고객도 빠르게 핵심 정보를 얻고 마음을 열게 된다.

가령 부동산 중개를 한다고 해 보자. 고객과 약속 장소에서 만나 "오늘 날씨 춥죠? 주말에 뭐 하셨어요?"라고 스몰토크를 주고받지 말고 이렇게 말하라.

"안녕하세요, 저는 ○○ 부동산의 ○○입니다. 고객님께서 바쁜 시간 쪼개서 와 주신 만큼, 지금 제가 생각하는 가장 적합한 물건 먼저 소개해 드리고 싶습니다. 바로 말씀드려도 괜찮으실까요?"

이런 식의 스킵토크는 '나를 배려한다'고 느끼게 만든다. 스몰토크는 옵션이지 의무가 아니다. '물건 팔기 전에 친해져야지'라고 생각해 억지로 길게 늘어놓기보다는, 용건을 바로 말하면서 전문성과 진정성을 드러내는 것 역시 당신의 차별화 전략이 될 수 있다.

"오늘 날씨 춥죠? 어쩌고 저쩌고…" (X)

"고객님의 시간은 소중하니, 바로 말씀드려도 될까요?" (O)

POINT 때로는 스킵토크로 바로 본론에 들어가 보자. 오히려 고객의 시간까지 배려해 주는 전문가라는 인상을 줄 수 있다.

내 상품이 가진
의외의 장점을 찾아보자

'차가 없는 사람도 가입하고 싶은 운전자보험.'

'응? 차가 없는데 왜 운전자보험을?'이라며 호기심을 자극한다.

"운전에만 필요한 줄 알았는데, 일상생활 속 보장도 탁월하거든요."

'아하! 운전자보험이지만 일상생활 속 보장도 되는군!'

'머리카락 한 올 없어도 매주 가는 미용실'이라고 하면 어떨까?

"우리 미용실 두피 케어는 워낙 시원해서 한번 경험하시면 중독되거든요!"

이처럼 원래 상품이 가진 가장 중요한 본질은 A(운전자보장, 헤어스타일링)지만, 그간 주목받지 못했던 B(일상생활보장, 두피케어)라는 장점을 전면에 내세워 드러내는 것도 무한경쟁의 전장에서 특별한 전략이 된다.

•

본질 외의 부가가치를 찾아보자

내 상품(서비스)이 기본적으로 제공하는 가치 이외에 고객이 '의외로 이 부분도 좋네!'라고 감탄할 포인트가 있는지 살펴보라.

그런 다음 '전혀 쓸 것 같지 않은' 대상을 설정한다. '차 없는 사람이 운전자보험을?'처럼 역설적인 상황을 들면서 '왜?'라는 질문을 스스로 하도록 만든다. 다만 고객이 '쓸데없는 점만 내세우네?'라고 느끼면 안 된다. 여전히 본질은 유지하되, 추가로 독특한 점이 있음을 보여 주면 더 매력적이다.

① 커피 안 마시는 분들이 매일 오는 커피숍

"커피보다 음악이 예술이거든요. 매일 바뀌는 플레이리스트로 동네 음악감상실 역할도 해요!"

② '고기 헤이터'도 매주 찾는 삼겹살 전문점

"우리 가게, 고기만 맛있는 게 아니라 사장님이 직접 재배한 채소가 기가 막힙니다!"

③ 소설 안 읽는 사람이 등록하는 독서클럽

"책 안 읽어도 저희 클럽은 매번 영화·드라마와 연결해서 토론하거든요. 그래서 소설을 몰라도 참여 가능해요!"

④ 장을 안 보는 사람이 더 자주 가는 전통시장

"장을 안 보러 와도, 시장 골목길 공연과 야외 푸드코트가 있어서 놀러 오는 재미가 쏠쏠합니다."

때론 본질적인 세일즈 포인트를 살짝 비껴 가며 부수적인 걸 돋보이게 만드는 변칙술이 유효할 수 있다. 치열한 경쟁 속에서 정공법으로만 승부해서는 주목을 받기 어렵다. 때론 변칙술도 시도해 보라.

"운전하실 때 꼭 필요한 보험입니다." (X)

"차 없는 사람도 가입하는 운전자보험입니다." (O)

POINT 의외의 장점을 찾아보자. '이 상품이 필요 없을 것 같은 사람'도 원하게 만드는 부가가치를 강조하면 고객은 관심을 보인다.

고객의 고정관념을
뒤집어라

고객들의 익숙한 고정관념을 살짝 비틀면 시선을 확 끌 수 있다. 예를 들어 흔히 볼펜은 '잘 써지는지' 중요하다고 생각한다. 그런데 "볼펜은 쓰기 위한 게 아니라 보기 위한 겁니다."라고 말하면 어떨까? '응? 보기 위한 볼펜?' 하고 호기심이 생긴다.

이어서 "필기 후 가장 선명한 색감을 자랑하는 ○○볼펜!"이라고 내 상품의 특장점을 강조하면 '어쩐지 필기 후 색감이 돋보이더라니…' 라는 결론에 이른다.

이처럼 "~가 아니라 ~입니다." 구조를 써 보자. 내 상품에 새로운 관점을 강렬하게 심어 줄 수 있다.

•

고정관념을 뒤집어 내가 강조하고 싶은 기준을 강조하라

고정관념을 흔드는 순간 고객은 흥미를 느낀다. 그 호기심과 반전이 세일즈 포인트를 강조하는 무기가 된다.

① 스포츠음료

"마시는 게 아니라 먹는 겁니다."

음료수는 목마를 때 마신다고 생각하지만 '마시는 게 아니라, 에너지를 먹는다'고 강조한다면? '갈증 해소'가 아닌, '체력·에너지 보충'이라는 확장된 의미를 전달하게 된다.

② 탈모

"탈모. 빠지는 것보다 보이는 게 문제입니다."

보통 탈모라면 머리카락이 빠져서 고민이라 생각하지만, 실제로는 겉보기가 중요한 문제일 수 있다.

"힘들게 심지 말고, 가볍게 찍으세요! SMP 두피 문신!"

이렇게 고정관념을 깨뜨리는 순간, 고객은 '아, 빠진다는 사실 자체보다 보이는 게 더 중요하구나. 꼭 심지 않아도 자신감을 잃지 않을 방법이 있구나' 하고 납득하게 된다.

③ 사진관

"사진을 찍는 곳이 아니라 추억 저장소입니다."

사진을 찍는 데 그치는 게 아니라 추억을 간직하는 저장소라고 비틀면, 기능적 의미를 넘어 보다 특별한 장소로 인식된다.

잘 비틀었다면 여기에 마무리 혜택까지 덧붙이자.

"그래서 당신에게 이런 새로운 가치도 전할 수 있어요!"라고.

"커피는 맛으로 마시는 게 아니라 멍때리며 힐링하기 위한 시간을 마시는 겁니다. 그래서 저희 카페는 10분 힐링존이 마련되어 있습니다."

이처럼 당신의 상품이 '새로운 관점'을 획득하고 혜택까지 덧붙일 수 있다면 차별화될 수 있다. 고객 역시 기존에 알던 것과 다른 당신의 상품을 더 알고 싶어 할 것이다.

한 문장을
바꾸면
팔린다!

"이 볼펜은 정말 잘 써집니다." (X)

"볼펜은 단지 쓰기 위한 게 아니라 눈으로 보기 위한 겁니다." (O)

POINT "~가 아니라, ~입니다."의 구조로 고객의 고정관념을 뒤집어라. 내가 원하는 기준으로 상품을 더 돋보이게 할 수 있다.

고객을 궁금하게 만드는 '가지' 화법

고객의 관심을 끌고 싶다면 초반에 '2가지가 있다', '3가지가 있습니다'
와 같이 숫자를 활용해 보자. 더 궁금해진다. 예를 들어 보자.

"어머님, 엄마가 아이에게 물려줄 수 있는 최고의 유산은 언어입니다."

이렇게만 말하면 맞는 말이긴 하지만 '그렇군' 정도로 넘길 수 있다.
대신 숫자를 넣어서 이렇게 말해 보자.

"요즘 시대에 엄마가 아이에게 물려줄 수 있는 최고의 유산은 2가지
라고 하죠? 바로 금과 언어입니다. 그만큼 자녀에게 있어 언어와 관련
된 교육은 너무도 중요합니다."라고 말한다면 어떨까? 고객은 '어? 2가
지가 뭐지?' 하고 호기심을 느끼며 이어지는 말(언어 관련 교육의 중요성)
에 집중하게 된다.

우리 뇌는 '2가지', '3가지'처럼 구체적 숫자를 들으면 채워지지 않은 나머지 정보를 채우고 싶어 한다. 즉 '지식의 공백'이 생기는 순간 호기심은 더 크게 발동한다. 그리고 이 호기심은 이어지는 설명을 집중해서 듣게 만드는 원동력이 된다.

•

내 상품에 숫자를 붙여 보라

고객의 뇌리에 호기심을 일으키려면 2가지, 3가지와 같이 숫자를 활용하라. 가장 간단하면서도 확실한 도구가 되어 준다.

① 영어 교육 콘텐츠

"아이 영어 실력 키우는 데 꼭 필요한 3가지 포인트가 있어요!"

고객은 "3가지? 뭔데요?" 하며 귀를 기울이게 된다.

② 보험 상담

"노후 대비를 제대로 하려면 반드시 준비해야 할 2가지가 있어요. 혹시 뭔지 아세요?"

고객은 "글쎄요, 뭘까요?"라고 반응하며 대화가 자연스럽게 이어진다.

③ 헬스 PT

"초보가 헬스 시작할 때 꼭 지켜야 할 4가지 원칙이 있습니다. 그중 첫 번째가….”

숫자를 듣는 순간 고객은 ‘나머지 4가지는 뭘까?’ 하고 궁금해한다.

④ 뷰티 제품

“피부 미백을 좌우하는 2가지 요소가 뭔지 아세요?”

고객은 “2가지가 뭐죠?” 하고 물어보며 자연스럽게 집중하게 된다.

⑤ 온라인 마케팅

“SNS에서 매출을 올리기 위해 꼭 알아야 할 3가지가 있습니다.”

숫자를 들은 고객은 ‘3가지라니? 어떤 것들이지?’ 하며 대화에 몰입하게 된다.

이처럼 먼저 숫자로 고객의 뇌에 ‘가지 서랍’을 만들어 주자. 그 서랍의 빈칸을 채우기 위해서라도 고객은 이어지는 당신의 이야기에 집중하게 된다. 바로 그 순간이 설득의 문을 여는 시점이다. 지금 당장 내 상품에 적용할 숫자를 고민해 보라.

"자녀를 위한 언어 교육은 매우 중요합니다." (X)

"부모가 물려줄 수 있는 최고의 유산은 2가지입니다. 금과 언어죠." (O)

POINT 막연하게 관심을 끌려고 하기 보단 '2가지, 3가지'와 같이 숫자를 붙여라. 고객은 호기심이 생긴다. 그리고 이어지는 당신의 말에 더 집중하게 될 것이다.

흔하고 식상한
멘트에서 탈피하라

내 상품의 가치를 높이기 위해 같은 돈으로 할 수 있는 다른 선택지를 들면서 "이 돈으로 그런 거 할 바에야 제가 권하는 이거 하세요!"라고 권하는 세일즈언어 표현 방법을 '매도'라고 한다.

고객 입장에선 '맞네. 이 돈으로 그런 거 할 바에야 이거 하는 게 낫겠군'이라고 생각한다.

다만 이 매도에도 주의 사항이 있다.

혹시 '하루 커피 한 잔 값이면…'이라는 표현을 들어 본 적이 있는가?

식상하다. 식상하다 못해 유통기한 이 한참 지난 멘트다.

내 상품의 가치를 높이고 싶은가? 뻔한 커피 대신 더 신선한 소재를 찾아보는 건 어떨까?

●

뻔하지 않은 소재로 매도하라

예를 들어 보험료가 5만 원이라면 '커피 10잔 5만 원'보다 '샤인머스캣 네 송이 5만 원'과 같은 다른 소재를 찾아 표현해 보자.

"샤인머스캣 4송이는 입에서 5초 단맛으로 끝날 텐데, 보험은 50년 인생을 쓴맛 없이 지켜 줄 수 있습니다."라고 하면 고객은 느낀다. '같은 돈으로 샤인머스캣 말고 보험에 가입하면 훨씬 큰 가치를 얻겠네'라고.

① 학습 프로그램

"아버님, 자녀를 위한 이 프로그램 한 달에 5만 원이에요. 술 약속 가실 때 대중교통 이용하시면 대리운전 비용 한 번 아끼실 수 있잖아요. 그걸로 준비하신다고 생각하시면 돼요. 이 돈으로 우리 아이가 얻는 영어 실력은 평생 갑니다. 안 하실 이유가 있을까요?"

② 렌털 가전

"요즘 손 세차 한번 맡기면 승용차도 6만 원 이상 나오죠. 그 돈이면 댁에 정수기도 최신상으로, 공기청정기도 최신상으로 바꾸실 수 있어요. 세차하고 느끼는 만족감은 고작 3일 갑니다. 하지만 그 돈으로 렌털 하시면 30일 내내 가족들이 깨끗한 공기 마시고 깨끗한 물 드시며 건강 챙기실 수 있어요."

③ 금융상품(적금)

"자녀 키우시니 아실 거예요. 애들 둘 데리고 키즈 카페 가면 이용료에, 보호자 입장료에, 가서 먹는 음료에, 간식에, 식사에… 10만 원 가까이 쓰는 거 일도 아니죠. 딱 그 정도 금액으로 자녀를 위한 적금 상품을 준비하세요. 10년 뒤, 20년 뒤에 아이들이 키즈카페 추억은 잊을지 몰라도 엄마가 미리 준비해 준 적금은 감사를 넘어 감동으로 와닿을 겁니다."

매도는 강력한 가격의 가치를 전하는 방법이다. 다만 보다 신선한 소재를 찾아보자. 고객은 더욱 귀를 기울이며 당신의 제안을 보다 긍정적으로 인지하게 된다.

"하루 커피 한 잔 값이면 가능합니다." (X)

"샤인머스켓 4송이 값으로 50년 인생 든든하게 지키세요." (O)

POINT 커피, 치킨 같은 뻔한 표현은 식상하다. 필요하다면 매도하되, 신선한 대상을 찾아라. 그래야 고객의 귀가 열린다.

설득력을 높이는 한 문장의 힘 [심화]

고객의 거절?
3F를 기억하라

거절당하고 움츠러들지 않는 사람이 있을까. 대부분 '거절'을 부정적인 신호로만 받아들인다. 그래서 실패했다고 여기며 포기한다.

거절당했을 때 '이제부터 어떻게 하지?'를 궁리하는 사람은 많지만, 고객이 '왜 거절했는지'를 들여다보는 사람은 많지 않다. 나를 떠나는 연인에게 '왜 나를 떠나는 건지' 알고 떠나보내는 사람과 그 어떤 이유도 알지 못한 채 떠나보내는 사람. 이후에 누가 더 멋진 사랑을 할까? 세일즈도 마찬가지다. 고객이 왜 거절했는지, 그리고 왜 거절하는지를 먼저 보아야 한다.

대부분의 경우 거절은 단순한 '노(No)'가 아니다. 거절은 곧 고객이 느끼는 '불안함의 표현'이다.

'내가 이걸 사도 괜찮을까?'

'지금 당장 결정했다가 후회하는 건 아닐까?'

이런 걱정이 거절이라는 형태로 드러나는 것 뿐이다. 기억하자. '거절' 과 같은 말은 '걱정'이다. 결국 고객의 불안과 걱정을 해소해 주지 못한 채 더 많은 설명을 늘어놓아 봤자 역효과만 날 뿐이다. 고객은 오히려 뒷걸음질친다.

고객의 거절을 불안으로 바라보고, 그것을 해소해 주면 된다. 아주 간단한 방법이 있다. 'Feel‑Felt‑Found', 즉 3F를 기억하자.

① Feel(감정): 먼저 고객의 감정을 부정하지 말고 인정해 준다.

② Felt(과거의 감정): 비슷한 고민을 했던 다른 고객의 사례를 언급함으로써 나만 그런 게 아니라는 안심감을 준다.

③ Found(발견): 결국 그 고객이 어떤 긍정적 결과를 얻었고 어떤 새로운 장점을 발견하게 됐는지 알려 준다.

3F 화법은 다양하게 활용할 수 있다. 실제 사례를 통해 더 자세히 알아보자.

●

거절은 고객의 불안함을 읽는 기회다

예를 들어 고객이 "이거 너무 비싼 거 아니에요?"라고 했다. 이 경우 다음과 같이 3F를 적용할 수 있다.

① Feel: "네, 비싸다고 느끼시는 거 충분히 이해합니다."

② Felt: "다른 분들도 처음엔 비용이 부담스럽다고 많이 말씀하셨어요."

③ Found: "그런데 막상 사용해 보니 가격을 뛰어넘는 혜택과 가치를 발견하시더라고요. 오히려 '안 샀으면 큰일 날 뻔했다'고 만족하시는 분이 대부분이었습니다."

또 다른 예를 들어보자. 납입 기간이 길어 보이는 보험 상품을 권유할 때, 고객이 "20년이나?" 하며 깜짝 놀란다면 어떻게 할까?

① Feel: "고객님 말씀대로 처음에는 20년이라는 숫자가 굉장히 길어 보일 수 있어요."

② Felt: "실제로 그 점 때문에 처음에 망설이는 분들도 많았어요."

③ Found: "그런데 막상 가입하고 나니 20년이라는 시간도 참 빨리 흐른다는 이야기 많이 해 주시더라고요."

바쁜 일상 탓에 헬스장 등록을 망설이는 고객이 있다.

① Feel: "요즘 다들 바쁘셔서 운동할 시간을 내기 힘들죠. 그 마음 충분히 이해합니다."

② Felt: "저희 회원들 중에도 처음에는 '내가 과연 시간을 낼 수 있을

까?' 하고 망설이셨던 분들이 많아요.”

③ Found: “그런데 막상 시작하고 나니 주 2~3회 정도 운동하면서 체력이 오르고, 오히려 시간을 더 효율적으로 쓸 수 있는 방법이 있다는 걸 다들 발견하시더라고요.”

여행사를 통해 패키지로 여행하면 일정이 빡빡할 것 같다며 불안해하는 고객이 있다.

① Feel: “그렇죠. 혹여라도 여유롭지 않은 일정이 될 까봐 걱정되실 수 있어요.”

② Felt: “처음 문의하는 분들이 가장 많이 하시는 고민이기도 합니다. ‘차라리 자유여행이 낫지 않나?’라고요. 다들 그렇게 느끼셨어요.”

③ Found: “그런데 실제로 패키지로 다녀오신 분들은 이동과 숙소, 식사까지 신경 쓸 게 없어 편안히 쉴 수 있었다고 만족해하시더라고요.”

거절은 판매를 방해하는 장벽이 아니다. 고객이 품은 불안과 걱정을 확인할 수 있는 단서다. 그리고 그 불안을 해소하는 방법이 바로 3F다.

Feel로 공감을 얻고, Felt로 '다른 이들 역시 같은 고민을 했지만'이라는 말을 전한다. 마지막으로 Found로 그들이 실제 얻은 가치를 구체적으로 제시한다.

그러면 고객은 '아, 나만 그런 게 아니었구나. 모두가 비슷한 고민을 했지만, 결국엔 만족했군!' 하고 자연스럽게 마음을 열게 된다.

그러므로 거절이 끝이라고 생각하지 말고, 그 속에서 고객의 마음을 읽어 내자. 그리고 3F로 그 마음에 다가가자. 그러면 '함께 문제를 해결해 가는 대화'로 전환될 것이다.

한 문장을
바꾸면
팔린다!

"아니요, 전혀 비싸지 않습니다." (X)

"비싸다고 느끼시는 거 충분히 이해합니다. 다른 분들도 처음엔 그렇게 느끼셨지만, 막상 써 보고 너무 만족하셨어요."
(O)

POINT 고객의 거절에 3가지 F(Feel-Felt-Found)로 공감하자. 거절은 불안의 다른 표현일 뿐이다.

잘 파는 사람들의 비밀,
'라면' 화법

고객이 당신의 눈앞에서 망설인다.

"아, 살까 말까 고민돼요. 이거 정말 괜찮을까요?"

고심하는 고객에게 어떻게 하면 결심을 이끌어 낼 수 있을까?

두 글자를 기억하자. 바로 '라면'이다.

"고객님이 제 가족이라면, 이걸로 꼭 하시라고 추천했을 거예요."

"고객님이 제 친구라면, 이 상품 절대 놓치지 말라고 했을 겁니다."

"제가 만약 고객님과 같은 상황이라면, 지금 바로 결정했을 겁니다."

'~라면'으로 시작되는 가정법은 고객으로 하여금 본인이 처한 상황을 한발짝 떨어져서 바라보게 만든다. 그리고 고객은 가까운 누군가의 조언을 듣는 것처럼 느끼게 된다.

•

고객의 망설임을 신뢰로 바꾸는 말

누구나 중요한 결정을 앞두고 망설인다. 보험에 가입할 때도, 헬스장에 등록할 때도, 화장품 하나를 고를 때도 그렇다. 이런 고객에게 필요한 건 더 많은 설명이나 정보가 아니다. 고객이 스스로를 한발짝 떨어져서 바라보도록 돕는 것, 그리고 믿을 만한 누군가의 진심 어린 조언일 수 있다.

① 보험 상담

고객: "정말 필요하긴 한데… 20년 납은 너무 길지 않을까요?"

상담사: "고객님께서 제 가족이시라면, 20년 납이라 해도 꼭 시작하시라고 말했을 겁니다. 필요할 때 큰 도움이 되거든요."

② 헬스장 등록

고객: "다이어트를 하긴 해야 하는데… 돈이 아까워서요."

트레이너: "제가 고객님이라면 조금 무리해서라도 꼭 시작했을 거예요. 아파 보고 나면 건강 문제를 미룰 수 없다는 걸 알게 되더라고요."

③ 화장품 구매

고객: "좋긴 한데… 조금 더 싸게 살 수 있는 제품 없나요?"

뷰티 어드바이저: "고객님이 제 절친이라면 절대 고민하시지 말라고 말씀 드릴 거예요. 여기서 3,000~4,000원 아끼는 것보다 오래 쓰시면서 만족도가 더 높은 게 낫잖아요."

④ 온라인 강의/코칭

고객: "꽤 비싼데… 망설여지네요."

강사: "제가 고객님 상황이라면 후회 없는 투자를 위해 바로 등록했을 것 같아요. 왜냐하면 2~3개월만 제대로 들으셔도 바로 현업에 적용하실 수 있거든요."

자기 입장에서만 보면 선택은 늘 무겁고 부담스럽다.

그러나 가족이나 친구의 조언처럼 들리면 선택이 훨씬 쉬워진다.

그러니 고객의 고민이 느껴진다면 라면 화법으로 살짝 등을 밀어 주자. 무겁게 느껴졌던 선택의 무게가 훨씬 가벼워진다.

한 문장을
바꾸면
팔린다!

"이 상품은 정말 좋으니 꼭 하세요." (X)

"고객님께서 제 가족이라면, 반드시 추천했을 겁니다." (O)

POINT "만약 ~라면"이라는 가정법을 활용해 보자. 가족이나 친구의 조언처럼 들리는 순간, 신뢰를 얻는다.

고객의 이율배반적 욕구를 공략하라

고객은 이율배반적 욕구를 가지고 있다. 왜냐하면 한편으론 무언가를 원하면서, 그걸 위해 필요한 행동은 피하고 싶어하기 때문이다.

예를 들어 보자.

> "돈은 많이 벌고 싶은데, 고민은 하기 싫어."
>
> "날씬해지고 싶은데, 운동과 식단 조절은 귀찮아."
>
> "편리한 가전을 구입하고 싶지만, 집 안이 좁아지는 건 싫어."

보고 있노라니 '어쩜 이런 생각을 할까…'라는 생각마저 든다.

하지만 이건 인간이라면 누구나 가질 법한 이율배반적 욕구다.

중요한 건 이 지점에서 고객의 마음을 콕 짚어 주면 자연스레 틈새가 열릴 수 있다는 사실이다.

●

고객의 마음속 모순을 자극하라

우리의 마음속에는 언제나 작은 모순이 있다. 그 모순을 "~는 좋지만, ~는 싫으시잖아요."라는 한 문장에 담아 꺼내 주면, 고객은 자신의 고민을 새삼 또렷하게 인식한다.

"(원하는 것)은 좋지만, (귀찮은 것/피하고 싶은 것)은 싫으시잖아요?"

남에게 당당히 꺼내 놓기 힘든 이율배반적인 욕구를 당신이 대신 말로 표현해 줄 때, 고객은 강렬한 공감을 느낀다. 이 틈새에 당신이 판매하는 상품이나 서비스를 밀어 넣어 보자.

① 금융상품

"유산을 많이 물려받는 건 좋지만, 세금을 많이 내는 건 싫으시잖아요?"

"그래서 이 상품은 상속·증여 시 세금을 최소화하면서 자산을 효율적으로 관리하도록 설계됐습니다."

금융 분야에서는 '돈 많이 벌기 vs. 세금 부담'의 모순이 흔하다. 그 간극을 '세금을 줄여주고, 자산은 불려주는 솔루션'으로 해결해 주는 것이다.

② 건강기능식품

"배에 왕(王)자 생기는 건 좋지만, 매일 힘든 운동은 지치시잖아요?"

"그래서 이 제품은 적은 운동으로도 효율을 높여 주는 데 초점을 맞췄어요."

복근은 갖고 싶지만 땀 흘리고 싶진 않은 사람에게, '짧은 시간 운동해도 큰 효과'라는 길을 제시한다.

③ 가전제품

"집안일은 편해졌으면 하는데, 가전이 많아져서 공간이 좁아지는 건 싫으시잖아요?"

"이 올인원 제품은 여러 기계를 대신하면서도 공간을 많이 차지하지 않아요."

'더 많은 기능 vs. 한정된 공간'이라는 상충을 깔끔히 해결하는 제안이다.

이 외에도 이율배반 화법을 적용할 수 있는 분야는 무궁무진하다.

"영어 실력을 빠르게 늘리는 건 좋지만, 매일 몇 시간씩 공부하는 건 부담스럽잖아요?"

"가 보고 싶은 해외 도시는 많은데, 이동 경로가 복잡하고 비용이 올라가는 건 꺼려지시죠?”

“최신 기능은 풍부했으면 하는데, 사용법이 복잡해지는 건 싫으시잖
아요?”

고객이 '원하는 것'과 '피하고 싶은 것'을 한 문장에 담고, 바로 뒤에
“그래서 우리 상품이 딱입니다.”를 붙이자. 고객의 내적 갈등을 시원하
게 해결해 준다는 느낌을 줄 수 있다.

“이 상품은 이런 이런 이유로 좋습니다.” (X)

“~은 좋지만, ~은 싫으시죠? 그렇다면 이 상품이 딱입니다.”
(O)

POINT 고객의 마음속 모순을 정확히 짚어라. 고객의 이율배반적 욕구
를 건드리면 갖고 싶다는 욕구가 생긴다.

제품의 강점을
짧고 쉽게 어필하는 법

내가 알고 있는 제품의 장점을 막상 고객 앞에서 풀어내려면 생각보다 쉽지 않다. 간략하면서도 강력하게 장점을 설명하는 방법은 없을까? 이 문장 구조를 기억하자.

"~을(를) 보실 땐, 반드시 ~을(를) 보셔야 합니다."

●

유리한 고지를 점령하듯 유리한 기준을 점령하라!

내가 강조하고 싶은 제품의 장점을 '반드시 확인해야 할 기준'으로 만드는 것이다.

그리고 그 기준을 만족시켜 주는 상품이 바로 내 상품임을, 확신을 가지고 설명하라.

"~는 꼭 보세요." → "저희 제품은 이렇게 잘되어 있어요." → "그러니 이 제품/서비스가 적합합니다."

예를 들어 보자.

① 공기청정기

"공기청정기를 보실 땐 반드시 흡입구 위치가 어디에 있는지 확인해야 합니다. 저희 제품은 흡입구가 아래쪽에 있어서, 바닥 근처의 미세먼지까지 꼼꼼하게 빨아들여요."

② 암보험

"암보험을 보실 땐 반드시 ○○암을 일반암으로 분류하는지 확인해야 합니다. 저희 상품은 ○○암도 일반암으로 보기 때문에, 보장이 훨씬 탄탄하죠."

③ 여행 패키지

"여행 상품을 보실 땐 반드시 숙소와 식사 옵션이 어떻게 구성되어 있는지 보셔야 해요. 저희는 시내 중심 호텔만 골라 이동이 편리하고, 현지 맛집인 곳을 중심으로 식사 코스를 짰습니다."

④ PT · 헬스장 프로그램

"헬스장을 보실 땐, 반드시 트레이너 전문 분야가 무엇인지 보셔야 해요. 저희는 재활 트레이너까지 있어서 자세 교정이나 통증 관리가 가능합니다."

⑤ 노트북 · 전자제품

"노트북을 고르실 땐, 반드시 발열과 소음 관리를 확인해 보셔야 해요. 이 제품은 열 분산이 빨라 오래 작업해도 발열로 인한 성능 저하가 없습니다."

⑥ 교육 · 학원

"영어 학원을 찾으실 땐, 반드시 1:1 피드백 시스템이 있는지 보셔야 해요. 저희 학원은 수업 후에도 개인별 발음 교정을 위한 짧은 세션을 따로 마련해 드립니다."

⑦ 부동산 · 주거

"아파트를 보실 땐, 반드시 채광과 통풍이 어느 정도 확보되는지 보셔야 해요. 저희 단지는 남향 위주 설계로 빛이 잘 들고, 통풍도 탁월해 쾌적합니다."

⑧ B2B 솔루션

"기업용 소프트웨어를 선택하실 땐, 반드시 '커스터마이징 범위'가 어느 정도인지 보셔야 합니다. 저희 솔루션은 필요한 기능을 유연하게 수정할 수 있어서 다양한 규모의 기업에 적합합니다."

아무런 배경지식도, 아무런 기준도 없이 무작정 내 상품이 좋다고 말하는 건 어렵다. 하지만 고객이 내 상품을 볼 때 무엇을 봐야 할지 정확한 기준을 알려 주면 이해하고 납득한다. 나아가 내 상품을 더 매력적으로 느낀다.

"경쟁사 상품은 안 좋습니다. 하지만 저희 상품은 이래서 좋습니다." (X)

"~를 보실 땐, 반드시 ~를 보셔야 합니다." (O)

POINT 내 상품의 강점을 고객의 선택 기준으로 내세워라. 기준이 만들어지는 순간, 당신의 상품이 최선의 선택이 된다.

180보다 179.6이
더 믿음이 가는 이유

"키가 몇이세요?"

"180cm입니다."

혹은 같은 질문에 이렇게 답하는 사람도 있다.

"179.6cm 정도예요. 사실 180이라고 살짝 올려 말할 때도 있긴 하죠."

누구의 답변이 더 진솔하게 느껴지는가?

'180'이라고 하면, '정말 딱 180일까?'라는 의문이 떠오를 수 있다. 마음 한켠에서는 과장이나 거짓말일 수도 있다는 의심이 싹트기도 한다. 그런데 '179.6cm'와 같이 구체적인 수치를 말하면 더 신뢰가 간다.

소수점까지 말하는 순간, 추측이나 어림짐작이 아니라 실제로 확인한 정확한 근거를 가지고 말한다는 인상을 준다. 그도 그럴 것이, 인간의 뇌는 딱 맞아떨어지는 숫자보다 약간 복잡하거나 예측 밖인 숫자를 더 현실적이라고 느낀다. 예를 들어 '10년 정도 된 친구'보다 '햇수로 11년 된 친구'라는 표현이 훨씬 생생하게 느껴진다. 딱 떨어지는 180보다 179.6이 더 진짜처럼 느껴지는 이유다.

•

디테일이 말에 무게를 만든다

세일즈에서도 더 구체적인 숫자를 활용해 보라. 막연하게 좋다는 말보다 숫자를 활용해 근거를 대면 고객의 신뢰가 급상승한다.

가전제품: "이 청소기는 한 번 충전하면 약 60분간 사용할 수 있습니다." ➔ "이 청소기는 한 번 충전으로 최대 62분까지 작동돼요. 실제 테스트 결과에 기반한 수치라 신뢰하셔도 좋습니다."

화장품: "이 세럼은 한 달 정도 쓰시면 효과가 느껴지실 거예요." ➔ "보통 28일(피부 재생 주기)에 맞춰 사용하면 눈에 띄게 좋아지더라고요."

"이 업계에서 10년 정도 일했어요." ➔ "벌써 10년 8개월째 일하고 있고, 그동안 950명 이상의 고객을 상담했습니다."

어떤가. 수치와 근거를 말했을 때 더 믿음이 가지 않는가. 이렇듯 구체적인 숫자는 그 자체만으로도 힘이 있다.

"이 분야에서 10년 정도 일했습니다." (X)

"10년 8개월가량 일하며 950명 이상 상담했습니다." (O)

POINT 구체적인 숫자는 신뢰의 이유가 될 수 있다. 디테일이 말의 무게를 만든다는 걸 명심하라.

'3kg 감량'이 아닌
'통닭 세 마리 감량'

다이어트 결과 3kg을 뺐다고 말하면 "오, 꽤 빠졌네!" 정도에서 끝난다. 하지만 "배에서 통닭 세 마리가 빠져 나간 셈이죠."라고 표현한다면? 듣는 사람의 눈빛이 확 달라진다. 머릿속에 통닭 세 마리를 떠올리며 배를 쳐다본다. 이제야 3kg이 어느 정도인지 감이 온다.

숫자는 구체적이기에 신뢰를 준다. 하지만 친절하지는 않다. 따라서 고객에게 설명할 땐 숫자를 단박에 떠올릴 수 있는 이미지로 설명하라.

대용량의 냉장고를 판매한다고 해 보자. '60L가 늘어난 냉장고'라고 하면 감이 안 오지만, '2L짜리 물병 30통이 더 들어간다'라고 하면 금방 이해가 된다.

"오, 그 정도면 걱정 없겠네!"

고객 머릿속에 구체적 장면이 그려지니, "당장 사고 싶다!"라는 결심 역시 빨라질 수 있다.

그럼 어떤 이미지들을 활용하면 친절한 설명이 완성될까?

① 고객에게 익숙한 일상 사물

치킨, 피자, 생수, 캐리어, 버스 좌석 등 고객에게 익숙하고 바로 떠올릴 수 있는 것을 활용하라.

② 상품의 맥락에 맞는 사물

다이어트 프로그램이라면 '치킨, 피자' 같은 음식이 제격이다. 부동산 매물이라면 '아이 방 하나가 더 생긴 셈'처럼 상품의 맥락에 맞는 사물을 활용하라.

·

숫자보다 더욱 강력한 이미지

숫자보다 강력한 이미지의 힘을 활용한 다양한 예시를 살펴보자.

① 보험영업

"대한민국에서 암을 경험해 본 사람이 무려 250만 명에 육박한다고 합니다." → "암을 경험해 보신 분들이 대구광역시 인구보다 많다는 이야기 들어보셨죠?"

② 자동차 판매

"트렁크 공간이 100L 정도 넓어졌어요." → "캐리어 두세 개 더 넣고도 남아요. 여행짐 걱정은 끝입니다!"

③ 직원 수/규모 소개

"저희 회사에는 직원이 200명 정도 있습니다." → "200명이면 웬만한 초등학교의 전교생이 모인 정도의 규모죠. 꽤나 큰 조직입니다!"

이처럼 숫자를 구체적인 이미지로 떠올릴 수 있게 그려 주어라. 고객은 금세 실감하고 당신의 제안을 선택할 가능성이 높아진다.

한 문장을 바꾸면 팔린다!

"이 프로그램을 통해 3Kg 감량했습니다." (X)

"이 프로그램을 통해 배에서 통닭 세 마리를 없애신 셈이죠."
(O)

POINT 숫자는 구체적이다. 그러나 친절하지는 않다. 숫자를 그림이 그려지는 언어로 생생하게 표현하라.

고객을 전우로 만들어야 잘 팔린다

공동의 적이 생기면 서로를 한층 더 가까운 동료로 느끼게 된다. 세일즈에서도 마찬가지다. 고객이 싫어할 만한 점을 들어 공동의 적으로 규정하라. 그 적을 함께 규탄하고 물리치는 든든한 전우가 되어 보라.

우선 '적(문제)'을 명확히 규정하라. '이건 해롭다', '이건 불필요하다', '이건 소비자에게 손해다' 같은 식으로 표현하라.

"해로운 성분이 들어간 화장품은 싫다."

"유지하기 어려운 보험은 좋지 않다."

그리고 당신도 그 적을 '싫어한다'고 강조하라.

"저도 이걸 정말 싫어합니다."

"이런 걸 보면 화가 납니다."

이렇게 말하면 고객은 당신도 같은 전우라고 느낀다. 심리적 유대감이 생긴다.

●

고객과 당신 사이에 공동의 적을 설정하라

적만 규탄하고 끝나면 아무 소용이 없다. 대안(상품/서비스)을 제시해야 한다. "그래서 제가 준비한 건 이겁니다!"라고 해결책(내 상품)으로 자연스럽게 연결해 보자.

① 화장품

"저희 화장품은 인체에 해로운 성분은 단호하게 배제합니다. 고객님께 안 좋은 건 저희도 싫거든요."

→ '해로운 성분'이 공동의 적이 된다.

고객: "맞아요, 유해성분 들어간 화장품은 절대 쓰기 싫어요!"

당신: "네, 저도 용납 못 합니다. 그래서 이 제품은 안전성을 최우선으로 만들어졌습니다."

② **보험 설계**

"저는 유지하기 어려운 보험은 아무리 높은 수수료를 준다 해도 단호히 거절합니다. 고객님께서 결국 못 버티고 해지하면 보장도 보험료도 다 날아가는 거잖아요."

→ '유지하기 어려운 보험'이 공동의 적이 된다.

고객: "맞아요. 처음엔 자신이 받는 수수료 높은 보험만 권하는 설계사들이 있잖아요."

당신: "네, 그런 설계사와 저는 다른 길을 갑니다. 저는 고객님께서 유지하실 수 있는 선에서 딱 필요한 상품만 제안하겠습니다."

③ **디지털 기기 판매**

"저희는 발열 심한 부품이나 가성비 낮은 스펙은 절대로 안 쓰는 걸 원칙으로 해요. 쓰시면서 불편한 제품은 구입하셔선 안 됩니다."

→ '발열 심한 부품'이나 '가성비 낮은 스펙'이 공동의 적이 된다.

고객: "진짜 쓰다 보면 뜨거워지는 기기는 불편하죠."

당신: "맞아요. 저희 기기는 그 문제를 우선 해결했습니다. 그런 불편함은 없는지 저랑 함께 살펴보시죠."

공동의 적은 고객이 "저도 싫어요!"라고 당연히 고개를 끄덕일 만한 대상이어야 한다. 그 적을 함께 물리치는 전우가 되면, 고객은 당신에게 호감과 신뢰를 느끼게 되고 세일즈는 훨씬 수월해진다. 누군가를 모함하라는 게 아니다. 고객이 피해를 보는, 볼 수도 있는 문제(적)를 규정하고 함께 거부하고 없애자는 구도를 갖추면 된다.

"저희 화장품엔 유해 성분이 없기에 믿고 쓰셔도 됩니다." (X)

"유해성분 들어간 화장품은 저도 결코 쓰고 싶지 않거든요. 그래서 저희 제품은…." (O)

POINT 공동의 적을 만들어 규탄하라. 고객은 당신을 같은 편으로 느끼고 심리적 유대감을 갖게 된다. 이어서 당신의 상품을 해결책으로 제시하라.

고객을 몰입하게 만드는 지그재그 화법

내 상품이나 서비스가 참 좋은데, 장점을 어떻게 설명해야 할지 막막하다면? 지그재그 화법을 활용해 보라.

지그재그 화법이란? '문제 제시'와 '해결책 제시'를 왔다 갔다 하며 제안하는 방법이다.

문제 제시 → 해결책 제시 → 다시 문제 제시 → 다시 해결책 제시

문제와 해결책이 교차로 반복되면 뭐가 좋을까? 문제가 제시될 때마다 고객은 '맞아, 그게 문제였지'라며 공감하게 된다. 공감이 반복되며 쌓일수록, 제시되는 해결책에 대한 수용도가 커진다. 고객은 '이 문제를

이렇게 해결할 수 있구나' 하고 확신을 굳혀가게 된다. 아울러 문제(긴장) → 해결책(해소)가 반복되면서 고객의 몰입이 유지된다.

예를 들어보자.

"~하고 싶으시죠?"〔문제〕

"그럼 ~하시면 됩니다."〔해결책〕

"근데 그건 ~한 단점이 있잖아요?"〔문제〕

"그러니 이걸로 ~해 보세요."〔해결책〕

●

지그재그로 문제와 해결책을 번갈아 꺼내라

그럼 지그재그 화법을 다양한 세일즈 상황에 활용해 보자.

① 다이어트 건강식품

"살 빼고 싶으시죠?"〔문제〕

"운동하시면 되죠."〔해결책〕

"근데 운동은 너무 힘들잖아요?"〔문제〕

"그래서 이 건강식품 드시면서 편하게 빼세요!"〔해결책〕

② 학습 프로그램

"영어 점수를 올리고 싶으시죠?"〔문제〕

"학원 다니면서 열심히 공부하면 되죠."(해결책)

"근데 매일 학원 다니기 쉽지 않잖아요?"(문제)

"그러니 온라인 강의로 언제 어디서든 편하게 공부하세요."(해결책)

③ 통신 요금제

"통신비 절약하고 싶으시죠?"(문제)

"낮은 요금제로 바꾸시면 되죠."(해결책)

"근데 낮은 요금제는 쓰기도 불편하고 혜택도 적잖아요?"(문제)

"이 요금제로 쓰세요. 통신비 부담은 최저로, 혜택은 최대로 받으실 수 있습니다!"(해결책)

그저 "우리 상품 좋아요!"라고만 한다면 임팩트가 없다. 문제를 제기하고, 해결책을 제시한다. 그 해결책의 또 다른 문제를 제시하고, 또다시 내 상품으로 해결해 준다. 이처럼 드라마틱한 화법으로 훨씬 신선하고 공감 가는 설명을 할 수 있다.

한 문장을
바꾸면
팔린다!

"이걸로 선택하시면 됩니다."(X)

"~하고 싶으시죠? 그럼 ~하시면 되죠. 그런데 그건 ~한 단점이 있어요. 그러니 이 제품으로 선택하세요."(O)

POINT 문제와 해결책을 지그재그로 번갈아 제시하라. 고객은 공감하고 몰입하며 당신의 제안을 받아들인다.

단점이 더 이상
단점이 아닐지어다

미국의 문화인류학자 마거릿 미드가 세 번 이혼한 뒤, 기자들이 물었다.

"왜 세 번이나 이혼하셨나요?"

그러자 그녀는 이렇게 되물었다.

"왜 그것만 기억하시죠? 제가 세 번이나 뜨겁게 사랑했다는 건 묻지 않으시나요?"

부정적으로 보이는 것도 관점을 바꾸면 완전히 다른 이야기가 될 수 있다. 세일즈에서도 마찬가지다. 어떤 상품에든 '단점'은 존재한다. 하지만 그 단점을 어떤 관점으로 보느냐에 따라 매출이 올라갈지 바닥을 맴돌지가 결정된다.

- - -

단점을 뒤집어 다른 관점으로 전환하라

한 가지 사실만 보고 '단점'이라 규정하는 대신 다른 관점으로 뒤집어보면 새로운 스토리가 펼쳐질 수 있다. 만약 당신의 상품과 서비스에 단점이 있다면, 때로는 그걸 감추기보다는 오히려 다른 면을 살려 주는 장점이라고 말해 주자.

단점 : 밋밋한 디자인

뒤집기 : 무난해서 어디에나 잘 어울리는 디자인

단점 : 먹기 불편한 쓴맛

뒤집기 : 먹을수록 몸에 좋은 건강한 맛

단점 : 비교적 비싼 보험료

뒤집기 : 그만큼 보장이 탄탄한 보험

단점 : 다소 떨어지는 카메라 성능

뒤집기 : 배터리 사용량이 적어 한 번 충전으로도 오래 쓸 수 있는 카메라

단점 : 딱딱한 매트리스

뒤집기 : 허리를 안정적으로 지지해 주는 탄탄한 매트리스

단점 : 휴대하기 불편한 대형 가방

뒤집기 : 짐을 넉넉히 수납할 수 있는 가방

단점 : 요란한 디자인의 옷

뒤집기 : 트렌디하고 개성이 살아 있어서 남들이 쉽게 따라 할 수 없는 코디를 완성하실 수 있는 옷

단점 : 너무 큰 장식장

뒤집기 : 웅장해서 넓은 공간에도 고급스러운 포인트를 주는 장식장

단점을 감출수록 의심만 커진다. 단점을 인정하되 멋지게 뒤집어라. 단점을 다른 관점으로 전환하는 순간, 상품의 새로운 장점이 보인다.

"네, 다른 상품보다 디자인이 밋밋해 보일 수도 있어요. 하지만 덕분에 어떤 인테리어에도 어울리고 질리지 않습니다!"

감추는 대신 새로운 시선을 제시하라. 단점으로 보였던 것이 어느새 구매를 고려하게 되는 결정적 매력 포인트가 된다.

"디자인이 밋밋해 보일 수 있지만….." (X)

"심플한 디자인 덕분에 어디에도 잘 어울립니다." (O)

POINT 단점을 숨지지 말고 관점을 바꿔라. 오히려 매력 포인트가 될 수 있다.

고객의 거절,
가볍게 넘기고 질문하라

고객이 단호하게 거절을 표현하면 보통은 주눅 들어 전화를 끊거나 대화를 종결하기 십상이다. 물론 그 당시에야 고객의 거절을 피하고 외면했기에 마음은 편할 수 있다. 그런데 만약 이런 과정이 반복된다면? 좌절감에 사로잡히고, 다시 기회를 잡을 수 있는 창구도 영영 닫혀 버린다.

어떻게 해야 할까?

고객의 거절은 당신에 대한 공격이 아닌 '제안의 거절'이라고 생각하자. 그러니 거절당했다고 대화를 끝내기보다 가볍게 다시 질문하며 대화를 이어 가라.

"아, 그러시군요! 저 궁금한 게 있는데요."

"혹시 이런 부분은 어떻게 생각하세요?"

이렇게 하면 대화를 새로운 국면으로 이끌 수 있고, 고객도 부담 없이 한 번 더 대화에 임할 수 있다.

•

한 번 더 물어서 대화를 이어 가라

고객의 거절에 대수롭지 않게 맞받아치면서 대화를 이어 가라.

예를 들어 고객이 단호하게 "아, 괜찮습니다. 제가 알아서 할게요!"라고 했다면?

"아, 그러시군요. 그럼 저 궁금한 게 있는데요. 혹시 내부에서 처리하실 때 크고 작은 애로사항 없으셨어요? 특히 ○○ 부분이 시간이 많이 걸리진 않으시던가요?"

고객이 "음, 사실 조금 번거롭긴 했죠."라고 답한다면 새롭게 대화를 이어 갈 수 있다.

설령 고객이 다시 단호하게 거절하더라도 그건 당신이 아니라 당신의 제안을 거절한 것일 뿐이다. 언젠가 다른 제안으로, 혹은 지금 제안을 업그레이드해서 다시 연락할 수도 있다.

한 문장을
바꾸면
팔린다!

"아, 그러시군요. 알겠습니다." (X)

"아, 그러시군요. 저 궁금한 게 있는데요." (O)

POINT 거절당했다고 바로 대화를 끝내지 마라. 가볍게 한 번 더 질문하라. 대화가 새로운 국면으로 이어질 수 있다.

고객의 머릿속을 떠도는
'하필'을 공략하라

잘 팔고 싶다면, 고객의 머릿속에 똬리를 틀고 앉아 있는 5가지 '하필'을 기억하자. 이 질문들을 간과하면 아무리 열심히 설명한다 한들 고객은 망설일 수밖에 없다.

① '왜 하필 이 상품을 사야 해?'

세상에 같은 종류의 상품이 얼마나 많은데, 굳이 당신의 상품을 골라야 할 이유가 있는가? 고객은 언제나 자신에게 꼭 맞는 해법을 찾으려고 한다. 당신의 상품이 어떤 '문제'를 해결하고 어떤 '혜택'을 주는지 구체적으로 알려 주지 않으면, 이 질문에 대해 설득력이 떨어진다.

② '왜 하필 이 브랜드야?'

상품이 같거나 유사해도 브랜드가 다르면 고객의 인식이 달라진다. 같은 카테고리라면 다른 브랜드도 많을 텐데 굳이 당신의 브랜드여야 할 이유가 뭘까? 브랜드가치, 신뢰도, 스토리 등 고객이 더 낫다고 납득하게 만들 요소를 보여 주고 설명해 주어라.

③ '왜 하필 당신(혹은 당신 회사)에게서 사야 하지?'

브랜드가 좋을 수는 있어도 굳이 당신에게서 살 이유가 없으면 고객은 다른 대리점이나 다른 담당자에게 갈 수 있다. 당신이 줄 수 있는 특별한 가치가 있는가? 맞춤형 컨설팅, 추가 AS, 추가 할인 쿠폰, 1:1 고객관리 등 고객이 이왕이면 당신(혹은 당신의 회사)에게 사는 게 이득이라고 느끼게 만들어야 한다.

④ '왜 하필 이 가격이지? 비싼 것 아닌가?'

아무리 제품이 좋아도, 가격에 대한 의구심은 언제나 따라온다.
'이 정도 스펙이면 좀 더 싸게 파는 곳도 있지 않을까?'
비싸 보이지만 재질, 기술, 서비스 포함 등 어떤 이유로 이만한 값인지 정당화가 필요하다. 고객이 '그럴 만하네'라고 느끼게 만들자.

⑤ '좋아, 그런데 왜 하필 지금이야?'

마지막으로 고객은 '사긴 사야겠는데 꼭 지금이어야 하나?'라고 망설인다. '다음에, 나중에, 상황이 나아지면' 하고 미루는 게 인간 심리다.

따라서 지금이 구매해야 하는 타이밍임을 강조해야 한다. 한정 수량, 프로모션 기간, 지금이면 사후관리 특전 등 지금 사지 않으면 안 될 것 같은 긴박감을 불러일으키자. 그리고 지금이 베스트 타이밍이라는 정당성을 부여하라.

•

5가지 '하필'에 대한 답을 준비하라

왜 하필 이 상품? : 상품 자체의 필요성과 해결책

왜 하필 이 브랜드? : 브랜드 가치와 신뢰

왜 하필 당신(회사)에게? : 특별한 혜택, 전문성, 책임감

왜 하필 이 가격? : 가치 대비 가격 정당화

왜 하필 지금? : 구매 타이밍과 긴박성

이 중 어떤 '하필'을 그간 고객에게 설명해 주지 않았는지 곰곰이 생각해 보라. 모든 '하필'에 대한 설득 포인트가 갖춰진다면, '사야겠다!'라며 고객이 고개를 끄덕일 것이다.

"이 상품 정말 좋으니 선택하세요." (X)

"(하필) 왜 지금 선택하셔야 하냐면요." (O)

POINT 고객 머릿속에 있는 5가지 '하필'에 대한 답변을 준비하라. 보다 설득력 있는 제안을 할 수 있다.

고객과 논쟁하지 않는
마법의 질문

어떤 상품도 완벽할 순 없다. 경쟁자에 비해 강하게 내세울 수 있는 장점이 있다면 단점도 존재한다. 그리고 이건 고객의 성향과 취향에 따라 다를 수 있다.

예를 들어 아무리 기능이 뛰어나도, 디자인이 고객 마음에 쏙 들지 않을 수 있다. 만약 고객이 "디자인이 별로라서 안 살래요."라고 한다면?

안목 없는 고객이 이런 소리를 한다 한들 발끈하며 고객과 논쟁하면 대화는 틀어진다. 고객은 더 멀어지게 된다. 설득하려 들지 말고 이렇게 물어보라.

"고객님께서 생각하시는 디자인의 중요도를 100점이라고 했을 때, 기능의 중요도는 몇 점 정도일까요?"

그러면 고객은 '내가 디자인만 보느라 기능을 간과했나?' 하고 마음을 조금 더 열 수 있다. 그리고 '하긴 기능도 중요하지'라며 스스로 다시금 생각하게 된다.

"글쎄요. 기능도 중요하긴 하죠. 50점? 60점?"

"그렇군요! 기능에도 꽤 큰 비중을 두시는군요. 기능 측면에서 어떤 기준을 보고 선택하시면 좋을지 설명드려도 괜찮으실까요?"

이렇게 자연스럽게 기능 이야기로 넘어가라. 고객이 디자인만 보고 결정하려던 찰나에 더 중요할 수도 있는 다른 관점을 더해 주는 것이다.

고객과 논쟁하려 들지 마라

"이 디자인 정도면 괜찮은 거죠!"라고 우기지 말자. 억지로 "기능이 더 중요하죠!"라고 한다면? 고객의 저항감만 더 커질 뿐이다. 고객은 자기 '감정'을 부정당하면 더 강경해질 수밖에 없기 때문이다.

이 질문의 목표는 고객이 자기 입으로 '기능도 중요하다'고 인정하게 만드는 것이다. 묻고 대답하는 과정에서 고객은 생각의 균형을 잡을 것이다.

고객과의 대화는 설득이 아니라 스스로 답을 찾게 해 주는 과정이다. 논쟁이 아닌 질문을 던짐으로써 고객이 스스로 답을 찾게 만드는 것이 고수의 세일즈다.

"디자인 역시 이 정도면 충분히 괜찮은데요?" (X)

"디자인 점수를 100이라 가정한다면, 기능은 몇 점 정도 주실 수 있을까요?" (O)

POINT 고객과 논쟁하지 마라. 고객이 한 가지만 보고 거절할 때 "~을 100점이라고 했을 때, ~은 몇 점일까요?"라고 물어라. 다른 관점을 생각하는 순간 마음이 열린다.

망설이는 고객의
허를 찌르는 '일십' 화법

구매를 고민하는 고객에게 "마음에 드시나요?"라고만 묻는 건 너무 뻔하다. 그보다 훨씬 더 효과적인 방법이 있다. '1에서 10까지'의 숫자를 활용하여 질문하는 '일십' 화법이다.

가령 고객이 망설이거나 여전히 고민 중이라면 이렇게 물어보라.

"만약 구매(계약)하고 싶은 마음을 1점(전혀 사고 싶지 않음)에서 10점(당장 사고 싶음)까지라고 한다면, 지금은 몇 점 정도 되실까요?"

"마음에 드시나요?"라는 질문은 막연하다. 그래서 답하기 어렵다. 하지만 1점에서 10점까지의 숫자 중 고르라면? 더욱 명확해진다. 그래서 답하기 쉬워진다.

고객이 상품의 장점을 생각하게 유도하라

고객이 "음… 5점 정도요."라고 답했다면? 생각보다 낮은 점수라 실망할 수도 있다. 하지만 여기서 멈추면 안 된다. 바로 이렇게 덧붙여 묻는다.

"그럼 왜 4점이나 3점, 혹은 1점을 고르지 않으셨을까요?"

혹은 이렇게 물을 수도 있다.

"5점이나 주신 이유가 있을 것 같아요. 어떤 점이 좋으셨어요?"

그러면 고객은 자연스레 상품의 긍정적인 요소를 찾게 된다. "디자인은 괜찮아서요.", "기능은 나쁘지 않아서요." 하며 상품의 장점을 자기 입으로 말하게 된다. 그 순간, 고객 머릿속에서는 단점보다 '괜찮은 점'이 더 커진다.

단순히 "좋나요?", "나쁘나요?"라고 물으면, 고객은 상품의 부정적인 면만 떠올릴 수 있다. 하지만 숫자를 매겨 보게 하고 그 이유를 물어보면, 자연스레 마음에 드는 부분을 떠올리게 된다.

이처럼 일십 화법은 단순 질문을 넘어 고객이 스스로 상품의 장점을 생각해 보도록 유도하는 테크닉이다. 숫자는 막연했던 생각과 느낌을 구체화하는 가장 강력한 도구이다. 고객이 1점을 택해도, 10점을 택해도 좋다. 중요한 건 숫자를 활용하여 질문을 건네는 순간, 막연한 느낌이 구체적인 호감으로 바뀔 수 있다는 사실이다.

"마음에 드시죠?" (X)

"구매하고 싶은 마음에 점수를 주신다면, 1점에서 10점까지 중 몇 점이세요? 왜 그보다 낮은 점수를 주지 않으셨어요?" (O)

POINT 막연하게 마음에 드냐고 묻지 마라. 점수를 물은 뒤 "왜 그보다 낮은 점수를 주지 않으셨어요?"라고 물어라. 고객 스스로 상품의 장점을 말하게 하라.

할인에는
이유가 필요하다

대게가 먹고 싶어 찾다가 시중보다 훨씬 싸게 파는 곳을 발견했다고 가정해 보자. '맛있는 대게, 70% 할인!'이라는 문구는 확실히 눈길을 잡아끈다. 하지만 가격이 너무 파격적으로 싸면 동시에 의심도 함께 싹튼다.

'정말 괜찮은 대게일까? 뭔가 문제가 있는 거 아닐까?'

그런데 '등딱지에 상처가 난 놈들로만 70% 할인! 맛은 똑같습니다.'와 같은 안내 문구가 있었다면 어떨까? '등딱지에 상처가 날 정도면 그만큼 더 건강하고 실한 대게다. 더구나 맛엔 변함이 없다. 그래서 할인한다'고 덧붙여 놓았다면, 의심의 먹구름은 싹 걷힌다. 싸게 파는 이유를 이해할 수 있기 때문이다.

●

왜, 어떻게 그 가격이 나왔는지 설명하라

파격 할인을 한다고 해서 무조건 팔리는 건 아니다. 할인은 관심을 끌어 당기는 데는 효과적이지만, 동시에 고객의 경계심도 높아질 수밖에 없다. '왜 이렇게 싼 거지?', '혹시 불량품 아닐까?', '가짜는 아닐까?', '오래된 재고 아닐까?' 하는 생각이 들며 구매를 망설이게 된다.

그런데 '작년에 생산된 재고 한정, 품질은 동일!' 등 납득 가능한 이유가 확실히 제시되면 고객은 의심을 거두고 구매할 수 있다.

① 전자제품 할인

'최신형 스마트폰 50% 할인!'

고객: '배터리가 금방 소모되는 중고인가? 혹은 해외 리퍼폰 아니야?'

이유 제시: '박스 스크래치 난 재고만 정리. 안은 새 제품! 50% 할인!'

의심이 해소되니, 저렴한 가격에 즉시 구매 결심을 할 가능성이 커진다.

② 패션·의류 할인

'명품 가방 70% 할인!'

고객: '가짜 아니야? 품질에 문제 있는 건가?'

이유 제시: '작년 시즌 컬러 재고만 70% 할인. 디자인과 품질은 동일!'

작년 시즌 컬러라서 할인하지만 명품이라 품질 문제는 없겠다는 납득이 된다. 이렇듯 이유가 제시되면 안심하고 구매할 수 있다.

③ 호텔 · 리조트 숙박 할인

'5성급 리조트 숙박비 60% 세일!'

고객: '뭔가 이상하다. 시설이 낡았나, 부대조건이 빠졌나?'

이유 제시: '주중 특정 기간 한정 세일. 휴가철 전이어서 객실이 남아 있습니다. 시설·부대 조건은 그대로지만, 평일 공실률이 높아 저렴하게 모십니다.'

고객은 '이런 이유라면 괜찮네!'라며 마음을 놓는다.

이처럼 '이 상품이 왜 이렇게 싸게 팔리는지' 납득할 만한 이유를 반드시 제시해야 한다. 가격은 싼 것이 전부가 아니다. 여기서 한발 더 나아가 왜, 어떻게 그 가격이 나왔는지 설명해 줘야 고객이 의심을 버린다. 이것이 할인이라는 무기를 올바르게 휘둘러 잘 파는 길이다.

"대게 70% 파격 할인!" (X)

"상처 난 대게만 70% 할인! 맛은 그대로입니다." (O)

POINT 파격 할인은 관심을 부르지만 의심도 부른다. 할인에는 반드시 납득할 만한 이유를 붙여라. 그래야 안심하고 선택한다.

"비싸요."라는 고객에게
딱 하나만 물어보라

고객이 "비싸요."라고 말할 때는 당혹스럽거나 답답해진다. 그렇다고 무작정 "안 비싼데요!"라고 맞서거나, 바로 할인부터 제안하기보다는 질문을 던져 보자.

"고객님, '가격'이 고민이세요, 아니면 '비용'이 고민이세요?"

이 질문은, 고객이 단지 '지금 눈앞에 보이는 돈'만이 아닌, '장기적으로 쓰게 될 돈'까지 고려할 수 있게 도와준다.

가격은 상품이나 서비스를 구입하는 순간 지불하는 돈이다. 이와 달리 비용은 구입 후 사용하면서 발생하거나 절감되는 돈이다.

예를 들어 폴라로이드 카메라는 카메라 자체의 가격은 싼 편이지만, 필름 값이 계속 들어가기에 장기적 비용은 꽤 나갈 수 있다.

전기차는 초기 구매 가격은 비싸다. 하지만 연료(전기) 비용이 저렴해 운행 비용이 휘발유 차보다 훨씬 적게 든다.

고객이 "비싸요."라고 말할 땐 보통 가격만 생각하기 쉽다. 하지만 장기적으로 볼 때 비용을 아낄 수 있거나 어떤 혜택들이 있는지 보여 주면, 인식이 달라진다.

그러니 가격 때문에 고민하는 고객에게 이렇게 물어보자.

"그렇죠, 처음에 보실 땐 고민되실 것 같아요. 혹시 '가격' 때문에 고민이신 걸까요, 아니면 그 뒤로 계속 들어갈 '비용'이 고민이신 걸까요?"

고객 : "처음에 내야 하는 금액이 너무 큰 것 같아요."

이 경우 이렇게 말해 보자.

"초기 구매 금액은 높은 편이지만, 이 상품을 쓰면 전기세나 소모품 비용이 절약될 수 있고요. 내구성이 좋아서 교체 주기가 길기 때문에 장기적으로는 이익이 될 수 있어요."

●

가격과 비용을 구분하라

이렇게 '가격 vs. 비용' 프레임으로 설명해 주면 훨씬 설득력이 커진다.

① 보험

가격: 매달 내는 보험료

비용: 만약 질병·사고가 났을 때 발생할 병원비·의료비 등이 줄어드

는 혜택

"보험료는 처음 볼 땐 꽤 크다고 느낄 수 있지만, 병원비 부담이 커지는 상황을 막아 줄 수 있어요."

② 부동산

가격: 집 살 때 드는 매매가

비용: 주거 유지비, 혹은 월세/전세 등으로 지출될 돈, 이동 · 이자 비용 등

"매매가는 조금 높지만 전세나 월세에 계속 돈 나가는 걸 막고, 나중에 재판매나 임대수익을 얻을 수도 있지 않겠어요?"

③ 정수기 · 공기청정기 렌털

가격: 초기 설치비나 월 렌털료

비용: 필터 교체, 보수 등 유지관리 비용

"눈에 보이는 월 렌털료 말고, 필터 교체 같은 관리 비용은 전부 서비스로 커버돼요. 장기적으론 더 편하고 더 절약된다는 장점이 있죠."

"비싸요."라는 건 단순히 돈이 아깝다는 게 아니다. 현재 보이는 숫자가 부담된다는 뜻이다. 이때 장기적으로 쓰게 될 수도 있는 돈을 설명해 주어라. 고객은 '장기적으로 보면 괜찮은데?'라고 자각하게 된다. 현재가치만 보던 고객이 미래가치와 혜택까지 생각할 수 있게 도와주어라.

"아닙니다. 결코 비싸지 않습니다." (X)

"가격이 고민이세요, 비용이 고민이세요?" (O)

POINT 가격(지금 내는 돈)과 비용(장기적으로 드는 돈)을 구분해 주면, 고객은 미래가치를 보게 된다.

세일즈는 콘셉트 싸움,
'에서-로' 화법

제품이나 서비스를 판매할 때 가장 중요한 것 중 하나가 콘셉트다. 단순히 스펙만 늘어놓으면 고객은 금방 지친다. 이 상품이 어떤 콘셉트인지 한 문장으로 멋지게 요약해야 고객에게 꽂히는 메시지가 된다.

여기에 활용할 만한 방법이 바로 '에서-로' 화법이다. 'A에서 B로'라는 문장 구조를 통해 '지금까지는 이런 상태였는데, 앞으로 이렇게 바뀔 겁니다'라는 변화의 방향을 명확히 보여 주는 것이다.

예를 들어 '몸만 고치는 병원에서 마음까지 고치는 병원으로!'라고 하면 어떨까? 단순히 육체적 치료에만 집중하던 병원에서 이제는 정신적·심리적 케어까지 함께한다는 확장된 콘셉트를 보여 준다. 그리고 그 병원은 고객에게 보다 특별한 병원으로 각인될 수 있다.

●

'___에서 ___로'를 활용해 나만의 콘셉트를 완성하자

내 사업이 추구하는 방향을 한 문장으로 잘 잡아 내면, 앞으로의 마케팅·브랜딩 방향이 매우 분명해진다.

① 병원

"몸만 고치는 병원에서 마음도 어루만지는 병원으로!"

"수술만 하던 병원에서 재활까지 책임지는 병원으로!"

② 강의·교육

"듣기만 하는 강의에서 직접 참여하는 강의로!"

"시험 점수만 올리는 강의에서 진로까지 보여 주는 강의로!"

③ 보험

"듣기 싫은 보험에서 들고 싶은 보험으로!"

"가입 후 잊히는 보험에서 내 일상에 힘이 되는 보험으로!"

④ 화장품

"뷰티만 챙기던 화장품에서 부티(고급스러움)도 챙기는 화장품으로!"

"외형만 화려한 화장품에서 피부 건강까지 책임지는 화장품으로!"

⑤ 키즈카페

"애들만 노는 키즈카페에서 엄마도 함께 즐기는 키즈카페로!"

"소음 많은 키즈존에서 편안하고 쾌적한 가족 쉼터로!"

⑥ 편의점

"사러만 가는 편의점에서 만나러 가는 편의점으로!"

"물건만 파는 편의점에서 커뮤니티 허브로!"

이처럼 '____에서 ____로'를 쓰면 '과거·현재' 상태에서 벗어나 '미래·새로운 콘셉트'를 간단히 인식시키는 메시지가 완성된다. 내가 어떤 차별화를 내세우고 싶은지, 어떤 의미를 담고 싶은지 금방 드러난다. 고객 입장에서도 '이 회사(상품)가 이런 변화를 주도하려는 거구나' 하고 쉽게 납득하게 된다.

세일즈는 콘셉트 싸움이라고도 말한다. 남들이 못하는 차별적 포지션을 한 문장에 담아내 보자. 상품의 콘셉트가 확실해지고, 판매 전략도 훨씬 강해질 것이다.

"저희 병원은 재활 치료도 병행합니다." (X)

"수술만 하는 병원에서 재활까지 책임지는 병원으로!" (O)

POINT "~에서 ~로"의 구조로 콘셉트를 명확히 하라. 고객은 차별화된 가치를 단번에 이해한다. 기억하라. 세일즈는 콘셉트 싸움이다.

고객의 의심을
한 방에 날리는 단도 화법

"이거 정말 괜찮습니까? 뭔가 의심스러운데….."

고객이 의심하거나 부정적인 질문을 할 때 무조건 길게 해명하거나 우유부단하게 웃지 말고 단도직입적으로 짧게 '훅' 찔러 보자.

"괜찮지 않았으면, 제가 직접 쓰고 또 가족까지 추천했겠어요? 저도 이걸로 가족 건강 챙기고 있습니다."

단도 화법은 때론 강렬한 확신을 전한다. 고객의 의심을 한번에 날려 버릴 수 있다.

떠보는 고객에게 단도직입적으로 찔러라

고객이 정말로 궁금해하는 '순수 질문'이면 정성껏 답하는 게 맞다. 하지만 고객이 은근히 당신을 떠볼 때 이 화법은 더 효과적이다.

① 맛 관련

고객: "이거 진짜 맛있어요? 너무 비싼 거 아닌가?"

판매자: "비싸고 맛없으면 전 벌써 망했죠. 그만큼 맛있으니까 지금도 장사 잘 됩니다."

② 가격 비교

고객: "다른 집보다 비싸네요? 이유가 뭔데요?"

판매자: "비싼데 안 좋았다면? 다 다른 집 갔겠죠. 그만큼 더 좋다는 뜻입니다. 답 나오죠, 뭐."

③ 기능·품질 의심

고객: "정말 내구성이 좋아요? 이거 과장 광고 아닌가요?"

판매자: "과장이었다면 리뷰들이 이런 식으로 호평일 리 없죠. 이미 써 보신 분들이 다시 사 가시는데, 광고가 거짓이면 가능하겠습니까?"

④ 환불·교환 관련 의문

고객: "한번 쓰면 환불 안 된다는데, 너무 걱정되는데요?"

판매자: "한번 써 보시면 무조건 만족하실 겁니다. 안 그랬다면 환불 러시가 줄을 이었겠죠. 근데 그런 적이 한 번도 없었습니다."

⑤ 보험료·해지환급금

고객: "이 보험, 해지환급금이 없네요?"

상담사: "환급금은 보험료를 비싸게 받아서 나중에 돌려주는 거예요. 굳이 그럴 필요 있나요? 싸게 내시고 보장 크게 받으시는 게 답입니다."

고객이 의심하고 떠보는 듯한 질문을 할 때 무조건 친절하고 장황한 해명에 들어가는 대신 단도 화법으로 짧고 굵게 확신을 주는 것 역시 방법이 될 수 있다.

"이미 써 본 사람들이 계속 찾습니다. 무슨 말이 더 필요할까요?"

짧고 강력한 한 방을 날려라. 그래서 '아, 정말 그러네!' 하고 고객이 느끼게 만들자. 고객의 구매 의욕은 더 커진다.

한 문장을 바꾸면 팔린다!

"아니에요. 정말 괜찮은 상품이에요." (X)

"괜찮지 않았다면 제가 가족에게도 추천했을까요?" (O)

POINT 고객이 의심하며 떠볼 때 길게 해명하지 마라. 단도직입적으로 짧고 강하게 확신을 전달하라. 한 방이면 충분하다.

거절을 차단하는
'원투' 펀치 화법

"오늘 저녁 메뉴로 갈비 어떠세요?"

이렇게 한 가지 제안만 하면 상대는 단순히 "좋아요." 또는 "싫어요."라는 이분법적 선택을 하게 된다. 대신 두 가지 제안을 묶어서 한 번에 전달해 보자.

"오늘 저녁은 갈비, 후식으론 마카롱 어떠세요?"와 같이 2가지 제안이 묶여서 한 번에 들어오면 고객은 무려 4가지의 선택지 앞에 놓이게 된다.

1. 저녁은 갈비, 후식은 마카롱

2. 저녁은 다른 거, 후식은 마카롱

3. 저녁은 갈비, 후식은 다른 거

4. 저녁은 다른 거, 후식도 다른 거

선택지가 복잡해진 만큼 일일이 검토하기보단 그냥 첫 제안(저녁은 갈비, 후식은 마카롱)을 받아들일 가능성이 커진다.

이처럼 연결된 2가지 제안을 '원투 펀치'처럼 '따닥' 쳐 주자. 하나만 권유하면 거절이 쉽지만, 2가지를 연결하면 고민은 복잡해지고 선택은 귀찮아진다. 결과적으로 나의 뜻대로 고객이 선택할 확률이 커진다.

●

2가지를 원투 펀치로 공략하라

예를 들어 보자.

① 자동차 판매

"이 차 어떠세요?"

→ "이 차 어떠세요? 그리고 안전 패키지까지 묶으시면 더 안심하시겠네요."

고객은 단순히 '살래, 말래?'가 아니라 '차 + 안전 패키지'를 함께 생각해야 하므로 승낙 가능성이 커진다.

② 헬스클럽 등록

"주 3회 PT 등록하시겠어요?"

→ "주3회 PT 등록하시고, 식단 코칭 2회까지 패키지로 해 보시는 건 어떠세요?"

고객은 하느냐 마느냐 하는 단순 결정 대신 다양한 조합을 생각하게 되면서 '그냥 패키지로 해볼까?'라고 할 수 있다.

③ 화장품

"이 크림 어때요?"

→ "이 크림과 토너 세트로 써 보시는 건 어떨까요? 보습과 각질 관리까지 시너지 효과가 납니다."

고객은 '둘 다 vs. 크림만 vs. 토너만 vs. 다 안 함'이라는 4가지를 고민해야 한다. 결국 첫 제안인 '둘 다'로 쉽게 기울 수 있다.

이처럼 메인 제안과 서브 제안을 연결해서 함께 생각하게 만들면 고객이 더 쉽게 긍정적인 결정을 내린다. 다양한 시나리오가 펼쳐지면서 고객이 귀찮아서라도 수용할 가능성이 커진다.

"이번에 A프로그램 등록하시면 어떨까요?" (X)

"이번에 A 프로그램 등록하시고, 부가서비스로 B 콘텐츠도 함께 선택하시면 어떨까요?" (O)

POINT 2가지 제안을 한 번에 원투 펀치로 연결하라. 고객의 고민이 복잡해지는 순간 당신의 제안을 더 편하게 받아들일 가능성이 높아진다.

어설픈 이유라도
없는 것보다 낫다

백화점 지하 디저트 코너를 둘러보다가 처음 보는 디저트를 발견했다. 이름은 '브륄레', 하나에 5,000원이란다. 별 고민 없이 "하나만 주세요." 라고 말했더니 판매직원이 이렇게 말한다.

"저희가 팝업 매장이라 4개 묶음 세트로만 판매가 됩니다."

결국 2만 원 주고 4개를 샀다. 계산까지 끝내고 돌아서 나오는데 문득 생각해 보니 이상했다.

'팝업 매장인 것과 낱개 판매가 안 된다는 게 무슨 상관이지?'

그런데 그 순간에는 그냥 따지지 않고 납득해 버린 것이다.

이처럼 이유의 타당성이 부족해도 이유가 있다는 그 자체만으로 설득력은 생길 수 있다.

심리학에도 이유가 존재하는 것만으로도 대부분의 사람이 순순히 설득에 응한다는 연구 결과가 있다. 예를 들어 사람들이 줄 서 있는 곳에 끼어들며 "먼저 좀 해도 될까요?"라고 말하는 것보다 "먼저 좀 해도 될까요? 왜냐하면 제가 급한 사정이 있어서요."라고 말하면 훨씬 많은 사람이 양보해 준다. 이유가 논리적이거나 훌륭하지 않아도 된다. 그저 이유가 존재한다는 것만으로도 누군가의 생각과 행동에 변화를 줄 수 있다는 점이 포인트다.

그러므로 단순히 "고객님, 이거 꼭 해 보세요."로 끝내기보다 "왜냐하면 이 부분에서 지금 가장 필요로 하는 기능을 확실히 만족시켜 줄 수 있거든요."라고 한마디 덧붙이자. 별것 아닌 이유 같아도 듣는 순간 고객은 '아, 그래서 권하는구나' 하고 동의할 확률이 커진다.

끼워 팔기를 할 때도 "이거 같이 하시면 편해요."보다 "왜냐하면 여기서 주 3회 이용하시는 고객께 특별 할인 혜택이 적용되거든요."라고 가볍게 이유를 제시하면 훨씬 매끄럽게 넘어간다.

클로징 전에도 이유를 덧붙이면 좋다. "오늘 결제하시면 좋아요. 곧 계절이 바뀌잖아요."와 같이.

●

이유의 논리보다 이유 그 자체가 중요하다

고객을 설득하고 싶다면 이유를 덧붙이자. 고객은 이유의 존재만으로도 일단 납득하게 된다.

예를 들어 보자.

① 카페

카페에서 테이크아웃 잔을 줄 수 없다는 거절의 상황에서도 이렇게 얘기할 수 있다.

"죄송해요. 테이크아웃 잔은 제공이 어렵습니다."라고만 하면? 서운하다.

하지만 "죄송해요. 저희 카페가 에코 캠페인 중이라 테이크아웃 잔은 제공이 어렵습니다."라고 한다면? 그 순간 납득이 된다.

② 식당

"이 반찬은 신선도 유지 때문에 한 번에 많이 못 드려요."

사실 신선도와 양의 상관관계가 얼마나 큰지는 모르겠지만 일단 이유가 있으니 수긍하게 된다.

③ 학교나 회사 규정

"이 서류는 업무 보안 때문에 PDF로만 제출 가능합니다."라고 하면 그게 보안과 얼마나 직결되는지는 모르지만 마찰 없이 따르게 된다.

이처럼 고객을 설득할 때 작은 이유라도 붙이는 게 백 마디 주장보다 효과적일 수 있다.

'왜 이 상품을 권하는가?'

'왜 지금 선택하면 유리한가?'

'왜 선택지는 이것뿐인가?'

이와 같이 다양한 상황에서 간단히 이유를 붙여 보자. 고객은 의외로 자연스레 넘어가게 된다. 기억하자. 우리는 '이유의 타당성'보다 '이유의 존재 유무'에 더 크게 반응한다.

"상담 꼭 받아 보세요." (X)

"상담 꼭 받아 보세요. 왜냐하면….” (O)

POINT 선택해야 할 이유의 타당성보다 때로는 선택해야 할 이유의 존재 유무가 더 중요하다. 어설픈 이유라도 좋다. 없는 것보다 낫다.

망설임을 확신으로 만드는
자문자답 화법

한 고객이 코트를 입어 보며 망설이고 있다. 자신에게 잘 어울리는지 확신이 없는 눈치다. 이때 고객에게 "이 코트가 정말 잘 어울리십니다."라고 말하면 고객은 속으로 '그냥 팔려는 말 아니야?'라고 생각할 수 있다.

이럴 때는 자문자답 화법을 써 보자. 말 그대로 내가 묻고 내가 답하는 방식이다.

"이 코트, 고객님께 정말 잘 어울리는 것 같지 않으세요? 저는 그렇게 느껴지거든요."

먼저 "어울리는 것 같지 않으세요?"라고 질문한 뒤 바로 이어 "저는 그렇게 느껴지거든요."라는 확신에 찬 답변을 더해라. 고객은 자신도 모르게 수긍하는 흐름으로 들어선다. 자신과 세일즈맨의 의견이 일치한다는 생각이 들면서 공감대를 형성하게 된다.

●

단정 짓지 말고 자문자답하라

고객이 고민 중일 때 "이게 좋습니다."라고 단정 지으면 오히려 의심을 키울 수 있다. 하지만 "그렇게 느껴지지 않으세요? 저는 그렇게 느껴지거든요."라는 자문자답 화법은 고객이 자연스럽게 동의하게 만든다.

① 의류 매장

판매자: "이 자켓, 고객님께 정말 어울리는 것 같지 않으세요?"

고객: "음… 그런가요?"

판매자: "네, 저는 그렇게 느꼈어요. 특히 이 어깨라인이 고객님 체형에 딱 맞아서 훨씬 세련돼 보이실 거예요."

② 보험 상담

설계사: "이 특약, 고객님께 꼭 필요할 것 같지 않으세요? 저는 고객님 상황에서 정말 이게 큰 힘이 될 거라 생각되거든요."

고객: "아, 그런가요. 음, 생각해 보니 그럴 수도 있겠네요."

설계사: "맞아요. 일단 준비해 두시면 분명 '아, 다행이다' 하고 안심하실 순간이 올 겁니다."

③ 가전제품

판매자: "요즘처럼 습기 많은 날, 이 제습기가 집 안에 꼭 있어야 할 것 같지 않으세요? 저는 무조건 필요하다고 생각하거든요. 확실히 집 공기를 더 뽀송하게 유지하실 수 있으실 겁니다."

고객: "맞아요, 비 많이 올 때 습기가 신경 쓰이긴 해요."

판매자: "그렇죠. 그러니 하나 들여놓으시면 쾌적하게 지내실 수 있죠."

"고객님도 그렇게 생각하지 않으세요?" 하고 묻고 "전 그렇게 생각합니다."라고 마무리해 보자. 고객의 의심은 사르르 사라지고 확신은 더욱 또렷해질 것이다.

"이 코트가 정말 잘 어울리시는데요?" (X)

"이 코트 잘 어울린다고 느끼시죠? 저도 그렇게 느껴지거든요." (O)

POINT 단정 짓지 말고 때로는 자문자답하라. "~같지 않으세요? 저도 그렇게 생각되거든요."라는 구조로 묻고 답하면, 고객은 자연스럽게 당신의 의견에 동의할 가능성이 높아진다.

바로 매출을 만들어 내는
한 문장의 힘
[실전]

추가 판매,
이것 하나만 해도 성공한다

세일즈하면서 "이것도 한번 써 보세요!"라고 건네야 하는 순간이 다가오면 판매하는 입장에선 긴장이 된다. 타이밍을 잘못 잡았다가 '아, 또 뭐 사라고 하는구나.' 하는 고객의 반응이 나올까 봐 조마조마하다. 이때 부정적인 고객의 반응을 피하는 간단한 방법이 있다. 그건 바로 예고편을 활용하는 것이다.

영화는 개봉 전에 '트레일러'라 불리는 예고편을 공개한다. 예고편은 관객의 호기심을 자극해 본편이 더 궁금해지게 만든다.

세일즈도 마찬가지다. 갑자기 "이거 사세요!" 하면 고객은 방어 태세를 갖추고 마음의 문을 닫아 버릴 가능성이 크다.

그러니 부디 미리 권유할 것임을 '예고'해 주어라. 그래야 고객의 입장에선 추가로 권유를 받을 때 부담감이 줄어든다. 예를 들어 보자. 한 화장품 브랜드에서 메이크업 체험 행사를 한다고 가정해 보자. 체험을 원하는 고객에게 판매자는 이렇게 예고할 수 있다.

"어서 오세요. 입술 색이 너무 예쁘신데요? 혹시 입술에 바르는 제품은 어떤 거 쓰세요? 이따 메이크업 끝나고 입술 색을 더 잘 살릴 수 있는 라인도 살짝 보여드릴게요."

고객의 입장에선 일단 예고편을 들었으니 '무슨 제품일까?'라는 궁금증을 지닌채 체험할 것이다.

체험이 끝났다. 굳이 고민하며 권유 타이밍을 잡지 않아도 자연스럽게 권할 수 있다.

"아까 보여 드리려고 했던 게 바로 이 이 립밤이에요. 발림성도 좋지만 무엇보다 색감이 잘 어울리실 것 같아요. 한번 발라 보세요."

예고편을 던졌기에, 고객은 갑작스런 제안에 '아, 또 영업이야?'라며 놀라지 않는다. 판매하는 입장에서도 이미 예고를 날렸으니 권유 타이밍을 잡느라 고심하지 않아도 된다.

●

예고로 고객을 기대하게 만들어라

다른 분야에도 활용해 보자.

① 미용실에서

시술 전: "오늘 스타일링 끝나면 집에서도 뿌리 볼륨 살리는 비법 알려 드릴게요."

시술 후: "아까 말씀드린 볼륨 팁, 사실 이 제품을 쓰시면 가장 쉽게 유지되더라고요."

② 피부관리 숍에서

관리 전: "지난 번에 오셨을 때 에센스 추천해 드렸던가요? 아, 안 드렸어요? 깜빡했나 봐요. 일단 관리 다 받으시면 제가 살짝 소개해 드릴게요."

관리 후: "바로 이 에센스인데요, 아까 고민이라고 하셨던 주름 관리에 특히 도움이 돼요."

③ 의류 매장에서

착용 전: "이 원피스에 딱 맞는 재킷이 있거든요. 일단 이거 먼저 입어 보시고, 제가 이따가 재킷도 살짝 보여 드릴게요."

착용 후: "아까 말씀드렸던 재킷이 이건데, 보세요. 핏이 아주 깔끔하죠?"

이처럼 체험이나 시연, 시착 같은 과정을 거치기 전에 '뭔가 더 보여 줄 게 있다'는 예고를 살짝 흘려라. 그럼 고객도 마음의 준비를 하게 되니 불편해하지 않는다. 오히려 기대하고 기다릴 수도 있다. 무엇보다 중요한 건 판매하는 입장에서도 권유할 타이밍을 큰 고민 없이 잡을 수 있다. 그간 추천(추가) 판매 타이밍을 놓쳤었다면 앞으론 예고편을 활용하자.

한 문장을
바꾸면
팔린다!

(갑자기) "아, 이것도 한번 보세요." (X)

"일단 (시술, 관리, 체험 등) 끝나고 나면 제가 제품 살짝 소개해 드릴게요." (O)

POINT 더 팔고 싶다면 영화 예고편처럼 미리 살짝 언급하라. 예고하면 고객은 마음의 준비를 하고 되려 기대하게 된다.

마무리 멘트는
무조건 '동사'로 끝내라

'계약을 꼭 체결해야 하는데, 어떻게 마무리하지?'라며 머뭇거린 적 있는가? 고객이 "음… 좀 더 생각해 볼게요."라고 말할까 봐 두려운 나머지 그저 모호한 말로 "어떠세요? 괜찮죠?"와 같이 슬쩍 떠보고 만다.

그런데 이렇게 형용사(상태나 성질을 표현하는 말) 중심의 멘트로 대화를 마무리하면, 고객은 막연한 감상만 얘기하다가 "좋긴 한데…."라며 물러서기 쉽다. "다음에 연락드릴게요."라는 대답과 함께 계약은 무산된다.

그래서 클로징 멘트는 형용사가 아닌 동사여야 한다.

고객이 무엇을 해야 하는지 행동을 제안해 주어야 한다. 그래야 고객이 보다 쉽게 결심할 수 있다. 예를 들면 이런 말들이다.

① **"오늘 사세요!"**

"고객님, 길게 고민하실수록 혜택은 줄어들 수 있어요.

오늘 사세요! 후회 없으실 거예요."

② **"지금 등록하시죠!"**

"망설이는 동안 등록 가능한 자리는 점점 줄어요.

지금 등록하시죠! 제가 절차를 바로 도와드릴게요."

③ **"이걸로 결정하세요!"**

"비교해 보셨다면, 이제 결정할 타이밍입니다.

여러 옵션 중에 가장 적합한 게 이거니, 이걸로 결정하세요!"

④ **"계약서에 사인하시죠."**

"조건이 마음에 드셨다면, 이용동의서에 성함 적어 주세요. 이후 진행

도 제가 꼼꼼하게 챙겨 드릴 테니 안심하셔도 됩니다."

⑤ **"납입을 시작하시죠."**

"서류 준비나 잔금 납입 절차는 제가 안내해 드릴게요.

오늘부터 (납입) 시작하세요. 그럼 혜택이 바로 시작됩니다."

이렇듯 동사를 사용해 '무엇을 해야 하는지'를 선명하게 제시하라.

고객은 당신의 확신을 통해 무엇을 해야 할지 분명해진다.

●

고객을 등 떠미는 언어를 사용하라

다양한 업계 사례를 통해 동사 클로징의 예시를 보자.

① 화장품·뷰티

"이 크림이 고객님 피부 고민에 딱입니다. 오늘부터 시작해 보세요! 지금 구매하시면 샘플도 함께 드릴게요."

② 교육·강의 프로그램

"지금 고객님에게 필요한 실무 능력을 이 강의로 단기간에 올리실 수 있습니다. 오늘 등록하세요! 등록하시면 교재부터 학습 일정까지 안내해 드릴게요."

③ 보험·재무 상담

"고객님께 딱 필요한 보장만 골라 만든 상품이에요. 가입하시죠! 절차는 제가 쉽고 빠르게 도와드릴게요."

④ 부동산

"이 매물, 위치며 가격이며 더할 나위 없습니다. 지금 계약금 넣으세요! 경쟁이 심해서 금방 나갈 수 있거든요."

"좋으세요?"

"괜찮으시죠?"

형용사형 클로징은 느슨하게 흩어지기 쉽다.

"지금 사세요."

"오늘 결정하세요."

동사형 클로징은 고객이 실제로 행동하도록 등 떠밀어 주는 트리거, 즉 방아쇠가 된다.

'행동하게 만드는 동사'가 들어간 클로징 멘트는 고객이 마지막 한 걸음을 내딛게 만든다.

"어떠세요? 괜찮은 것 같지 않으세요?" (X)

"오신 김에 하세요." / "지금 등록하세요." (O)

POINT 클로징 멘트는 형용사가 아닌 동사로 끝내라. 구체적인 행동을 제안해서 고객의 마지막 한 걸음을 이끌어라.

추가 매출을 올리는
한마디

이미 내 상품이나 서비스를 구입한 고객에게 뭔가를 하나 더 권하고 싶다. 활용도로 보나 구매혜택으로 보나 하나 더 구입하는 게 고객을 위한 최선의 선택이다. "하나 더 사세요!"라고 확신을 가지고 말하는 게 가장 좋지만, 왠지 망설여진다. 그렇다고 아무 말 없이 고객을 떠나보내자니 '아, 권유해 볼 걸 그랬나?' 하는 아쉬움이 남는다.

이런 고민을 한 방에 해결해 줄 마법의 질문을 소개한다.

바로 "괜찮으시겠어요?"다. 이는 "하나 더 사세요!"처럼 직접적인 표현은 아니기에 권하는 입장에서도 입을 떼기 쉽다.

고객 역시 자신의 구매 결정을 점검하게 된다. '혹시 내가 놓치고 있는 게 있나?'라고 고객 스스로 생각하게 된다. 그래서 고객이 미처 생각하지 못했던 다른 제품이나 선물용, 같이 쓸 아이템 등을 상기시키는 계기가 된다.

"괜찮으시겠어요?" 이 한마디가 고객의 추가 니즈를 자연스럽게 끌어올려 매출 상승으로 이어지는 경우가 많다. 실제 대화의 예를 보자.

① 호두과자 가게

고객: "호두과자 팥으로 한 상자 주세요."

판매자: "네, 계산 도와드리겠습니다. 한 상자로 괜찮으시겠어요?"

고객: "어, 왜요?"

판매자: "혹시 선물하실 거라면 다른 맛도 섞어 가시는 분이 많으시더라고요. 종류별로 드리면 받으시는 분도 더 좋아하시고요."

고객: "아, 그렇군요. 슈크림 맛도 한 상자 주세요."

② 커피 전문점

고객: "아메리카노 한 잔 주세요."

바리스타: "알겠습니다. 도넛은 괜찮으세요? 도넛도 매장에서 저희가 직접 만든 거라 커피랑 잘 어울리거든요."

고객: "아, 그래요? 하나 먹어 볼까요? 주세요."

③ 의류 매장

고객: "이 재킷으로 할게요."

판매원: "네, 셔츠는 괜찮으세요? 구입하시는 재킷을 2배 더 예뻐 보

이게 만들 셔츠도 함께 하시면 좋죠."

고객: "아, 그런가요…. 괜찮은 게 있나요?"

④ 독립서점

고객: "이 책 계산할게요."

서점 직원: "네 알겠습니다. 아, 한 권으로 괜찮으시겠어요? 같은 작가가 최근에 낸 에세이도 반응이 좋은데 혹시 관심 있으실까 해서요."

고객: "오, 에세이도 있나요? 같이 볼게요."

⑤ 온라인 강의 결제 페이지

팝업페이지: "이 과정 하나만 신청하셔도 괜찮으세요? 실무 패키지 같이 등록 시 추가 할인 혜택! 열 분 중 여덟 분은 꼭 같이 신청하신답니다."

사용자: "패키지? 얼마나 할인되지? 추가 패키지도 살까…?"

●

"괜찮으시겠어요?" 다음에 이어 갈 멘트

추가 매출을 올리고 싶지만 "더 사세요."라고 말하기 애매할 때, "괜찮으시겠어요?"라는 한마디로 분위기를 유연하게 전환해 보자. 그리고 가능하다면 다른 상품을 추가로 권유할 때는 이유와 혜택을 간단히 설명하자.

“선물용이면 이것도 같이 구매하시는 분이 많아요.”

“이 제품도 같이 쓰면 효과가 더 좋거든요.”

다만 부담을 줘서는 안 된다. 고객이 “아뇨, 괜찮아요. 이거면 충분해요”.라고 한다면 “네, 알겠습니다. 혹시나 필요하실까 싶어 말씀드렸어요. 감사합니다!” 하고 쿨하게 마무리하자. 그래야 고객이 다음에도 부담 없이 당신을 찾을 수 있다.

“하나 더 구입하세요.” (X)

“하나로 괜찮으시겠어요?” (O)

POINT 추가 구매를 권하고 싶다면 “괜찮으시겠어요?”라고 물어라. 고객은 ‘혹시 놓친 게 있나?’를 생각하게 된다. 자연스레 추가 매출로 이어질 수 있다.

판매율 높이는
생생한 표현

한국어는 그 어떤 언어보다 감각적 표현이 발달한 언어다. 특히 소리를 흉내 내는 의성어, 움직임이나 상태를 흉내 내는 의태어가 풍부하다. 이런 단어를 잘 활용하면 당신의 말이 살아 움직여, 고객의 마음에 콕 박히게 된다.

예를 들어 '심장이 뛴다'보다 '심장이 쿵쾅쿵쾅'. '추워'보다 '어깨가 오들오들'. '최고의 식감' 같은 뻔한 말보다는 '한 입 깨물면 바삭! 씹으면 촉촉!'처럼 당신의 상품과 서비스를 생생하게 묘사해 보자.

●

의성어와 의태어로 상품에 생명을 불어넣자!

이렇듯 생생한 언어로 표현하면 고객은 소리나 움직임을 떠올리면서 상상하게 된다. 이 상품은 뭔가 특별하다고 느끼고 집중하게 된다. 그 상상이 곧 호기심과 구매 욕구를 이끌어 낸다. 예를 들어보자.

① 생생한 소리 귀에 꽂아 주기

'뽀드득' 닦이는 소리로 치약의 느낌을 표현하거나, '바사삭' 소리로 감자칩의 식감을 묘사하자. '보글보글' 끓어오르는 전골 요리와 '지글지글' 구워지는 스테이크는 훨씬 더 맛있어 보인다. "이 청소기, 먼지를 빨아들이는 소리가 슈우욱~ 들리는데, 성능이 엄청나요!"라고 할 수도 있다. 고객은 머릿속에서 소리를 직접 상상하게 된다.

② 생생한 움직임 귀에 꽂아 주기

햄은 '탱글탱글'거리고, 피부는 '탱탱'해진다. 옷의 소재가 몸에 '촤르르' 감긴다. 운전할 땐 벗어서 그냥 '툭툭' 털어서 '휙' 던져 놓아도 된다. 다시 입을 때 펼쳐보면 주름 하나 없이 '매끈매끈'하다. 이렇게 이야기하면 귀로 듣고 있지만 고객의 눈앞에서는 생생한 장면이 펼쳐진다.

이처럼 소리와 움직임이 오감을 자극하는 순간 고객은 상품을 직접 체험해 본 듯한 생생한 느낌을 받는다. 이 감각적인 무기, 즉 의성어·의태어를 세일즈 현장에서 마음껏 활용해 보라. 당신의 말 한마디가 상품에 '숨'을 불어넣고, 그 활기가 매출로 이어질 것이다.

"이 칫솔로 양치하시면 깨끗이 닦여요." (X)

"이 칫솔로 양치하시면 뽀드득 닦여요." (O)

POINT 의성어, 의태어 같은 생생한 표현을 사용하라. 고객의 오감을 자극하며 상품에 생명을 불어넣을 수 있다.

퀴즈를 풀게 하면
매출도 풀린다

세일즈는 '답정너'와 '답너정'으로 나눌 수 있다. 답정너 세일즈는 정해진 답을 정해 놓고, 고객에게 "이게 답이니까 따르세요!"라고 윽박지르는 듯한 태도다. 반면 답너정 세일즈 '답은 네가 정하는 것'이라는 메시지를 주어 고객 스스로 해답을 떠올리게 만드는 방식이다.

전자는 고객에게 부담과 반감을 줄 수 있지만, 후자는 고객 스스로 문제를 인식하고 답을 찾았다고 느끼게 만들어 구매 의욕을 높인다.

미리 답을 정해 놓되, 바로 말하지 말고 고객이 말하게 유도하라. 퀴즈를 내듯 질문을 하는 것이다.

고객 스스로 생각하고 답을 발견하게 하라

비만이 수많은 질병의 원인이 될 수 있음을 강조하는 다이어트 상품을 판다고 해 보자. 답정너 방식은 이렇게 말한다.

"비만은 질병의 원인이 될 수 있어요. 살 빼세요! 저희 ○○ 다이어트 쓰시면 됩니다."

그러면 고객은 부담을 느끼고 마음의 문을 닫는다.

이와 달리 답너정 방식으로 퀴즈를 내 보자.

"수많은 질병의 원인 중 내 의지로 관리할 수 있는 게 2가지가 있어요. 하나는 '흡연'이고, 나머지 하나는 뭘까요?"

고객이 '비만'이라는 답을 떠올리는 순간 '아, 진짜 비만은 몸에 안 좋구나. 맞아, 관리해야지' 하고 공감하게 된다. 이때 다이어트 상품을 권유한다면 거부감이 훨씬 줄어든다.

또 다른 예를 보자.

① 건강 관련

"사람이 급격한 스트레스를 받으면 면역력이 약해진다고 하는데, 그중 가장 빠르게 무너지는 게 뭘까요?"

② 금융/보험

"인생에서 생각보다 위험이 많은데, 그중 가장 흔한 위험 3가지를 꼽

으라면? 하나는 질병, 둘째는 사고, 세 번째는 뭘까요?"

③ 교육/학습

"토익 점수 올리는 방법은 보통 2가지가 있어요. 하나는 학원 등록, 다른 하나는 뭘까요?"

위 질문에 당신은 뭐라고 답했는가. 결론부터 말하지만 정답은 없다. 하지만 이렇게 퀴즈를 통해 고객의 관심을 끌어내는 순간, 고객 역시 대화에 즐겁게 몰입하게 된다. 그리고 본인이 답했기에 이어지는 대화에도 더 자발적으로 참여하게 된다. 이는 결국 구매 결심도, 객단가도, 재구매율도 높여 준다.

"결혼 앨범은 정말 중요하니까 좋은 패키지로 선택하세요."
(X)

"성장 앨범, 졸업 앨범 외에 인생에서 내가 선택할 수 있는 유일한 앨범이 어떤 앨범인지 아시죠?" (O)

POINT 고객이 스스로 답을 떠올리게 만들어라. 세일즈의 하수는 주장하지만, 세일즈의 고수는 주목시킨다.

비싼 값이
당연해지는 마법

똑같은 상품인데도 '이거 좀 비싸다'가 아니라 '이런 상품이라면 이 정도 가격은 당연하지'라고 생각하게 만들 수 있다. 프라이스 큐Price Cue, 즉 '가격 신호'를 높이는 전략이다.

프라이스 큐란 언어를 통해 고객이 갖게 되는 가격 첫인상이다. 똑같은 상품이라도, 이름이나 설명, 분위기를 어떻게 표현하느냐에 따라 고객이 '이건 싸구나' 혹은 '이건 비싸도 당연하지'라고 인지하게 된다.

언어만 살짝 바꿔라. 무한 경쟁 시대, 무한 가격 할인의 늪에서 당신을 구원해 줄 가장 쉬운 방법이다.

●

이름 하나 바꿨을 뿐인데 가격이 올라간다

생각보다 작은 변화(이름·간판·메뉴 표현 등)만으로도 상품 가치와 가격을 고급스럽게 보이게 만들 수 있다.

미용실 : 일반 동네 미용실이라는 이미지가 떠오름

헤어 에스테틱 : 머리를 가꾸는 수준을 넘어 에스테틱 서비스를 받는 듯한 프리미엄 느낌

조선모텔 : 단어 자체가 저렴하고 간소한 숙소 이미지를 줌

조선 스테이(Stay) : 좀 더 트렌디하고 세련된 숙박 공간으로 포장

백반 정식 : 집밥 같은 소박함, 저렴함

수라상 정식 : 임금님 밥상을 떠올리게 하는 화려함과 높은 가격 신호

수영 교실 : 일반적인 수영 레슨 강습장 느낌

아쿠아테라피 센터 : 치유와 웰빙이 결합된 프리미엄 이미지를 줌

꽃집 : 동네에서 쉽게 볼 수 있는 상점 느낌

플라워 부티크 : 고급스럽고 독특한 꽃을 취급할 것 같은 전문 매장 이미지

가구 매장: 그저 가구를 파는 곳이라는 인식

홈인테리어 갤러리: 전시회처럼 작품을 보러 가는 듯한 기분을 주며, 상품 가격대가 높아도 이해되는 분위기

손세차장: 손세차 서비스를 받을 수 있는 평범한 세차장

카 디테일링 라운지: 차량을 프리미엄하게 관리받는 공간, 세차 비용이 비싸도 당연하게 여겨질 수 있다.

이처럼 프라이스 큐를 높이면, 똑같은 상품을 더 비싸게 받으면서도 고객의 거부감은 줄일 수 있다. 당신의 상품과 서비스에도 프라이스 큐를 높일 수 있는 요소가 있는지 고민해 보자. 그래서 고객이 '이 정도면 낼 만하다'고 느낄 수 있도록 언어를 바꿔 보라. 가장 싸게 먹히는 가격 인상 전략이다.

"수학학원" (X)

"매쓰 클리닉" (O)

POINT 꽃집보다 플라워 부티크가 더 높은 '가격 신호'를 준다. 같은 상품도 이름과 표현을 바꾸면 가격 인식이 달라진다.

입소문은 나는 게 아니라
만드는 것

저절로 입소문이 나면 얼마나 좋을까. 영업을 하든 사업을 하든 모두가 꿈꾼다. 하지만 저절로 나는 일은 드물다. 가만히 앉아서 고객이 입소문을 내주길 기다리지 말고 내가 직접 입소문을 만들자.

어떻게 하면 될까? 고객에게 딱 한 줄로 내 상품과 서비스를 말할 수 있는 '임팩트'를 심어 주어야 한다. 예를 들면 "이게 아이돌이 데뷔 전에 꼭 받는 얼굴 축소 케어래."라는 말을 듣는 순간 "그게 뭔데? 어디야?"라고 묻고 싶어진다.

그러면 고객은 다른 사람들에게도 "내가 받은 케어가 아이돌들도 데뷔 전에 받는 관리래."라고 자랑하며 입소문을 낸다.

기억하자. 나는 고객에게 많은 말을 하고 싶지만, 고객이 본인의 지인에게 가서 내 상품을 소개할 땐 한 문장을 넘기지 않는다. 그 한 문장을 당신이 의도적으로 만들어 고객에게 자연스럽게 흘릴 수 있다면? 입소문이 날 가능성은 더 커진다.

다양한 예를 보자.

① 헬스/PT 프로그램

"프로 운동선수들도 오프 시즌에 와서 부상 없는 몸 가꾸기 위해 하는 PT래."

② 수제버거 가게

"3대째 운영되는 햄버거 가게래."

③ 온라인 강의 플랫폼

"카이스트 박사팀이 커리큘럼을 설계한 강의라서 완전 체계적이라던데."

④ 디저트 카페

"매일 아침 6시에 굽는 페이스트리인데, 오전 10시만 되면 늘 완판!"

●

입소문을 만드는 한 줄 메시지

당신의 상품이나 서비스를 고객에게 길게 설명하려면? 고객도 힘들고 나도 맥이 빠진다. 고객의 입에서 입으로 간단하게 전해질 수 있는 임팩트 있는 단 하나의 문장을 만들어 보자. 그 한 줄을 만드는 방법? 딱 하나만 생각하자.

'내 상품을 경험한 고객이 자신의 지인에게 내 상품을 한 줄로 뭐라고 소개할까?'

그 한 문장이 당신 상품의 명줄을 쥐고 있다고 해도 과언이 아니다.

"다양한 페이셜 케어 프로그램이 준비된 곳입니다." (X)

"아이돌이 데뷔 전 꼭 받는 얼굴 축소 케어입니다." (O)

POINT 입소문은 기다리는 게 아닌 만드는 것이다. 고객이 자신의 지인에게 쉽게 말할 수 있는 임팩트있는 한 줄 메시지를 만들어야 한다. 그 한 줄이 상품의 명줄을 쥔다.

호기豪氣와
후기로 팔아라

고객이 뭔가를 구입할 때 '정말 괜찮은 제품(서비스)일까?'라는 의심은 당연히 생기기 마련이다. 그 의심을 확신으로 바꿔 주는 2가지 키워드를 소개한다. 바로 호기와 후기다.

① 호기롭게 제안하라

"효과 없으면 100% 환불!"

"이곳보다 싼 곳이 있으면 차액의 100배 보상!"

이처럼 자신 있게 '패를 던지는' 호기로운 제안은 고객에게 '이 회사(판매자)가 자신감이 엄청나구나'라는 인상을 심어 준다.

② 후기로 신뢰를 쌓아라

호기로운 제안에 이어 실제 사용 후기가 뒷받침된다면? 고객의 '혹시?'라는 의심은 신뢰로 바뀐다.

"저도 처음엔 반신반의했는데, 써 보니 정말 좋았어요!"

타인의 경험은 강력한 증거다. 이런 타인의 말이 고객에게는 '나만 그런 게 아니었구나'라는 안도감을 준다.

후기는 구체적일수록 좋다.

"사용 1주 만에 피부가 맑아졌어요."

"2개월 지나니 수익이 2배 올랐습니다."

숫자, 기간, 구체적인 변화 등이 들어가면 더 설득력 있다.

아울러 나이대, 상황, 직업군이 다른 후기가 여럿이라면 더 많은 사람이 '나와 비슷한 사람도 효과를 봤구나' 하는 신뢰를 느낀다.

●

호기와 후기를 결합하라

호기는 '안 되면 내가 책임진다'는 강력한 자신감을 드러내는 제안이다. 그리고 후기는 '다른 사람들도 써 보고 만족했다'는 구체적 증거다. 이 2가지를 결합하라. 호기로 관심을 끌고 후기로 신뢰를 쌓아 구매를 결정하게 만드는 것이다.

① 화장품

호기: 1개월 안에 효과 없으면, 전액 환불!

후기: 30대 직장인 후기 – 3주 만에 모공이 눈에 띄게 줄었어요!

② 교육/코칭 프로그램

호기: 첫 달에 성적(매출)이 오르지 않으면 100% 환불합니다!

후기: 25세 대학생 후기 – 2주 만에 토익 점수가 100점 이상 올랐습니다.

40대 영업사원 후기 – 상담 전환율이 2배나 상승했어요!

③ 호텔/숙박 업소

호기: 만약 사진과 전혀 다르면 예약금 200% 돌려드립니다.

후기: 부부 여행 후기 – 사진보다 실물이 훨씬 좋았어요. 조식도 최고!

가족 여행 후기 – 침구가 넘 편해서 아이들이 좋아했어요.

④ 전자제품/가전

호기: 한 달간 써 보고 마음에 안 드시면 100% 환불!

후기: 실제 사용자 후기 – 소음이 생각보다 훨씬 적어요. 전기료는 오히려 줄었네요!

잘 파는 사람은 단순히 "좋습니다."라고만 말하지 않는다. 호기롭게 내 상품·서비스에 대한 확신을 주고, 후기로 그 확신에 증거를 더한다.

한 문장을
바꾸면
팔린다!

"정말 효과 좋은 제품입니다." (X)

"효과 없으면 100% 환불!" + "실후기 : 3주 만에 모공이 눈에 띄게 줄었어요!" (O)

POINT 호기와 후기를 결합하라. 호기로운 제안으로 자신감을 보여 주고, 구체적인 후기로 증거를 더하면 고객의 의심이 확신으로 바뀐다.

비싼 걸 팔고 싶다면
'청킹'하라

비싼 건 팔기 어렵다고 생각하는가?

그렇다면 '청킹'Chunking 기법을 시도해 보라.

청킹은 원래 방대한 정보를 덩어리로 묶어, 정보 처리의 부하를 줄여 주는 정보 구조화 기법을 말한다.

이 기법을 가격 제안에 적용할 수 있다. 예컨대 "냉장고 500만 원입니다."라고만 말하면, 고객 입장에선 "부담스럽다."라며 막연한 거부감을 갖기 쉽다.

이때 기간을 기준으로 가격을 청킹해 보자. 냉장고를 500만 원에 사서 10년간 사용한다고 가정하자. 그러면 1년에 50만 원, 1개월에 4만 원, 하루에는 약 1,300을 지불하는 셈이 된다.

"바나나우유 한 개 값이면 '주방의 랜드마크'를 바꿀 수 있다!"라고 하면 가격에 대한 부담은 확 줄어든다.

●

가격을 쪼개서 설명하라

"비싸요."라며 부담을 토로하는 고객에게 가치를 부각하려면 '크게 보이는 가격'을 작은 단위로 쪼개서 제안하라.

① 고급 매트리스(300만 원)

"10년 쓰시면 1년에 30만 원, 한 달에 2만 5,000원, 하루 800원쯤 드는 비용으로 매일 질 좋은 숙면을 누리실 수 있는 거죠."

② 고가 학습 프로그램(200만 원)

"1년 커리큘럼이니까 월 약 17만 원, 하루 6,000원 정도입니다. 요즘 길거리에 즐비한 가챠(캡슐토이) 머신에서 피규어 한 알 뽑으시는 그 비용 정도면 1년 뒤 어학 능력(또는 수익 향상)을 가져가실 수 있어요."

③ 프리미엄 헬스장 회원권(150만 원)

"1년간 이용하시면, 월 12만 5,000원, 하루 약 4,000원 수준! 매일 4,000원에 전문 트레이너와 최고급 시설을 누린다고 생각해 보세요."

청킹 기법은 고객의 심리적 문턱을 크게 낮추어 구매 결심을 돕는다.

부담스러울 수 있는 가격이라면 쪼개서 제안하라.

"냉장고 500만 원입니다." (X)

"10년 쓰시면 하루 1,300원, 바나나우유 한 개 값입니다."
(O)

POINT 큰 금액을 연/월/일 단위로 쪼개어 설명하면 심리적 부담이 확
줄어든다.

고객의 '선택 이후'를 생생하게 그려 주어라

앞의 청킹처럼 값비싼 물건을 팔 때 유용한 기법이 또 하나 있다. 바로 '트래킹'Tracking이다.

트래킹은 '추적'이라는 뜻이다. 고객이 상품을 선택한 후 혹은 선택하지 않은 후의 미래 상황을 추적해서 고객에게 생생한 시나리오로 제시하는 기법이다. 고객이 현재 지불하는 금액(비용)뿐 아니라 상품을 쭉 쓰면서 얻을 이점, 반대로 쓰지 않았을 때 발생할 손해까지 보여 주는 것이다.

마찬가지 500만 원짜리 냉장고로 예를 들어 보자. 고객은 당장의 지출(500만 원)에만 포커스를 맞추지만, 트래킹 기법으로 10년의 흐름을 보여 주면 지금은 비싼 듯해도 장기적으로는 이익이 크다는 인식이 생긴다.

"식재료가 상해 버린다면 한 달에 만 원, 2만 원씩 아까운 지출이 생길 수 있습니다."

"중고가까지 생각하신다면 인기 모델이니만큼 다른 모델보다 장기적으로 훨씬 이득입니다."와 같이 미래를 추적해 구체적인 시나리오로 설득력을 높이자.

●

청킹 + 트래킹 = 비싼 상품도 가볍게

다시 정리하면, 청킹은 현재 금액을 작게 쪼개어 부담을 줄여 주는 것이다. 트래킹은 장기적인 이득과 비용 절감, 혹은 미구매 시 손실을 보여 주는 것이다. 이 2가지를 함께 사용하면 효과가 더욱 커진다.

"500만 원이라 처음엔 부담될 수 있죠. 하지만 10년 쓰면 하루에 1,300원꼴이거든요. 거기에 식재료 보관이 잘 돼서 음식물 쓰레기 양이 줄어들고, 나중에 중고로 내놔도 인기가 많을 테니 폐기 비용도 안 들겠죠.

반대로, 오늘 당장 싸다는 이유로 다른 모델을 샀다가 나중에 처치 곤란이면, 사다리차 불러서 폐기하느라 수십만 원 또 나갈 수 있어요."

이렇게 청킹과 트래킹을 함께 사용하면 고객은 이 냉장고를 사는 게 합리적인 결정이고 큰 가치를 얻을 수 있다고 느낄 것이다.

"이 냉장고는 비싸지만 그만한 가치가 있습니다." (X)

"좋은 냉장고 쓰시면, 식재료 보관이 잘 돼서 식자재 구입 비용도 줄어요." (O)

POINT 트래킹(Tracking)으로 선택 이후 미래를 그려 주어라. 장기적 이득과 함께 구매하지 않았을 경우의 손실도 구체적으로 보여 주면 고객은 장기 가치를 보며 선택한다.

이유와 결과,
2형식 세일즈 화법

세일즈 언어란 단지 상품의 특징만 이야기해 주는 것이 아니다.

이를테면 장식이 예쁘다, 색이 화사하다, 신축성이 좋다고 말하는 것만으론 부족하다. 이유(특징)와 결과(혜택)를 함께 말해 주어야 한다.

예를 들어 옷을 판매한다고 해보자. "예쁜 장식이 있습니다."라고만 하면 사야 할 이유만 말하는 것이다. 이걸로는 설득력이 떨어진다. 대신 "예쁜 장식 덕분에(이유) 다리가 훨씬 길어 보여요(결과)."라고 하면 설득력이 급상승한다.

"색이 화사해서 눈에 확 띕니다. 사진 찍을 때도 빛이 나요."

"신축성이 좋아서 하루 종일 입어도 불편하지 않아요."

이렇게 말하면 '특징(이유) + 혜택(결과)'를 직관적으로 이해할 수 있다.

따라서 세일즈 포인트를 강조하는 가장 쉬운 방법은 '이유 + 결과'로 말하는 2형식 화법이다.

> "○○ 덕분에 ○○ 하게 됩니다."
>
> "○○ 이기에 ○○입니다."
>
> "○○ 해서 ○○할 수 있어요."

•

상품의 특징과 혜택을 한 문장으로 말하라

다양한 상황에서 2형식 문장을 말해 보자. 고객 입장에서 결과가 매력적으로 느껴지도록 강조해야 한다.

① 가전제품

이유: "이 냉장고는 정온냉장 방식입니다."

결과: "그래서 식자재를 더 오래 보관하실 수 있어요!"

② 뷰티/화장품

이유: "이 세럼은 분자 입자가 굉장히 미세합니다."

결과: "그 덕에 피부 깊숙이 빠르게 흡수돼 끈적임이 적어요."

③ 보험 상품

이유: "이 상품은 암·뇌·심장 등 3대 질병 보장 범위가 넓습니다."

결과: "그래서 병원비 부담이 줄어들고, 가족이 겪는 경제적 타격도 최소화해 줍니다."

2형식 구조는 가장 쉬운 세일즈 언어의 구성이다. 특징(이유)과 혜택(결과)을 짝지어서 상품과 서비스의 가치를 명쾌하게 전달해 보라. 고객은 자신에게 올 혜택을 즉각적으로 납득하게 될 것이다.

"이 옷엔 예쁜 장식이 있습니다." (X)

"예쁜 장식 덕분에 다리가 훨씬 길어 보입니다." (O)

POINT 단지 특징만을 말하지 말라. '이유+결과'로 말하라. 이유와 결과를 한 문장에 담기만 해도 설득력은 급상승한다.

상품에 특별함을 더하는 '바로 그' 화법

'연예인이 극찬한 떡꼬치!'도 맛있어 보인다. 그런데 '연예인이 극찬한 바로 그 떡꼬치'는 더 맛있어 보인다.

이처럼 '바로 그'를 붙이는 것만으로, 상품이나 서비스의 기대감이 훨씬 올라갈 수 있다. 여기에 '바로 그'의 짝꿍, '드디어'까지 붙여 보자. '바로 그 떡꼬치, 드디어 출시!'라고 하면 고객은 더욱 설렌다.

●

'바로 그'와 '드디어'를 맺어 주자

그냥 '청바지'보다 '바로 그 청바지'라고 하면 이미 유명하거나 화제가 된, 특별한 청바지라는 뉘앙스가 감돈다.

'바로 그 병원'이라고 하면 환자들에게 이미 입소문이 난, 찾기 어려운 병원이라는 느낌이 배가된다.

이제 '드디어'까지 붙여 보자.

'드디어 나온 바로 그 청바지!'

많이들 기다렸던 바로 그 제품이 드디어 출시되었다는 스토리가 만들어진다. 그리고 대체 불가한 느낌까지 준다.

SNS 홍보나 전단지, 홈페이지 상품 설명에 이처럼 '바로 그'와 '드디어'를 붙여서 짧고 굵은 문구를 만들어 보자. 긴 설명 없이도 소비자들은 '이건 뭔가 특별하구나' 하는 느낌을 주게 된다.

"연예인이 극찬한 어묵!" (X)

"연예인이 극찬한 '바로 그' 어묵! 드디어 출시!" (O)

POINT '바로 그'만 붙여도 상품은 보다 특별하게 느껴진다. 여기에 '드디어'까지 더해지면 기다렸던 특별한 상품이라는 스토리가 완성된다.

때로는 돌직구 질문이
필요하다

고객과 한참 대화를 나누다가 어느 정도 분위기가 무르익었는데도 마지막 결정을 미루는 경우가 적지 않다. 이럴 땐 한 번 더 직구를 던져 볼 필요가 있다.

만약 고객이 당신의 설명을 꽤 집중해서 듣고 있다면 굳이 빙빙 돌릴 필요 없이 직접 확인해 보라.

"이렇게 제 이야기를 들어 주시는 걸 보니, 상품에 흥미가 있으신 거죠?"

대개 고객은 "네, 뭐… 관심이 아주 없진 않아요." 정도로 답할 것이다. 이 질문의 목적은 '그래도 조금은 마음이 열려 있구나'라는 것을 고객 스스로 말하도록 하는 것이다. 고객이 '그렇긴 하다'라고 인정하면 클로징에 한발짝 다가간 것이다.

그렇다면 '흥미'에서 '결정'으로 넘어갈 두 번째 질문을 던져라.

이 질문을 던지면 '결정 시점'을 고객 머릿속에 확실히 인식시킬 수 있다. 고객은 '그래, 지금이 가장 괜찮은 타이밍일 수도 있겠다'라고 생각하거나, 적어도 '지금 결정을 해야 하나?'라고 생각하게 된다.

●

비상착륙이 차라리 낫다

이런 돌직구 질문은 너무 우회하거나 빙빙 돌지 않으니, 고객도 '이 사람이 뭘 원하는지'를 바로 인지하고 자연스럽게 결심을 굳힌다.

혹여 거절당해도, 최소한 '왜 지금은 아니라고 느끼는지' 등을 파악할 기회를 얻는다. 반대로 빙빙 돌다가 고객이 그냥 "좀 생각해 볼게요."라며 사라지면 거절 이유도 모른 채 고객을 놓치는 셈이다.

클로징은 비행기 착륙과 비슷하다. 너무 조심스럽게 빙빙 돌다가는 연료만 소모하고, 최종 착륙을 못 하는 불상사가 발생할 수 있다. 차라리 어설프더라도 저돌적으로 한번 착륙을 시도해 보는 게, 아무 손도 못 쓰고 고객을 떠나 보내는 것보단 훨씬 낫다.

"비싸요.", "좀 더 생각해 볼게요." 같은 반응이 나와도 괜찮다. 적어도 거절의 이유를 알 수 있기에 향후 보완책을 마련할 수 있다. 기억하자. 아름다운 착륙을 기대하며 빙빙 돌리는 것보단 비상착륙이 더 낫다.

"혹시… 관심이 있으신 건가요… ?" (X)

"제 이야기를 들어 주시는 걸 보니, 흥미가 있으신가 봐요?" (O)

POINT 때로는 빙빙 돌리지 말고 돌직구 질문을 던져라.
"흥미가 있으신가 봐요?" / "지금이 가장 좋은 때가 아닐까요?"와 같이
질문하라. 아무것도 못하고 고객을 놓치는 것보단 비상착륙이라도 하는
게 더 낫다.

'같아요'를 빼야
고객에게 확신이 생긴다

우리나라는 예로부터 겸손과 겸양을 미덕으로 삼아 왔다. 하지만 세일즈 현장에서 무작정 겸손한 게 정말 도움이 될까? 글쎄다. 오히려 그 겸손이 고객에게 확신을 주지 못하는 결론으로 이어질 때가 많다. 그 대표적인 예가 바로 '같아요'와 같은 두루뭉술한 말이다.

"맛있는 것 같아요."

"좋은 것 같아요."

"예쁜 것 같아요."

물론 일상 대화에서는 '~인 것 같아요'가 적당히 부드럽고 겸손해 보일 수 있다. 하지만 판매 상황에서 소극적인 표현을 계속 쓰다 보면 '자기가 팔려는 것에 확신이 없나?'라는 인상을 줄 우려가 크다. 자신감이 없어 보이거나 의심이 든다. 고객이 원하는 건 "맛있습니다!", "좋습니다!", "예쁩니다!" 같은 확신을 주는 언어 아닐까.

●

말 주머니에서 '같아요'를 빼 보자

"우리 상품은 훌륭한 것 같아요." 대신 "우리 상품은 훌륭합니다."라고 바꿔 보자. "이 옷, 고객님께 잘 어울리는 것 같아요."에서 "이 옷, 고객님께 정말 잘 어울립니다."라고 고쳐 말하라. 작은 변화지만 듣는 사람의 인상은 크게 달라진다.

강한 확신이 고객에게 더 큰 신뢰를 심어 주는 법이다.

"고객님께 정말 잘 어울립니다."
"맛은 확실히 보장합니다."
"분명 도움이 되실 겁니다."

단정적으로 말하되 말투나 표정에서 진정성을 더하면, 결코 오만하게 들리지 않는다. "이 상품, 정말 괜찮습니다!"라고 말하며 확신을 가져 보라. 그 확신이 고스란히 고객에게 전달될 때 판매도 훨씬 쉽게 이뤄질 것이다.

"맛있는 것 같아요." (X)

"맛 보장합니다. 정말 맛있습니다." (O)

POINT '~같아요'는 확신을 약하게 만든다. 세일즈 현장에서 겸손은 미덕이 아니다. 단정적으로 말하되 진정성을 더하라. 고객에게 확신을 준다.

훅 치고 빠지는
세일즈 클로징 멘트

고객에게 "사세요, 계약하세요!"라고 너무 강하게 밀어붙이면, 고객은 오히려 "자유롭게 결정할 권리를 빼앗기고 있어."라는 리액턴스reactance, 즉 반발심을 느끼게 된다. 결국 구매 의욕이 한풀 꺾일 수도 있다.

그렇다고 하염없이 고객을 망설이게만 한다면, 클로징은 실패다. 어떻게 해야 할까?

우선은 확신 있게 "하시는 게 좋습니다. 꼭 해 보세요." 등 단도직입적인 제안을 던지자. 그리고 딱 한마디만 덧붙여 주자.

"물론 최종 선택은 고객님께서 하시는 겁니다."

그러면 고객은 '맞아, 결국 선택은 내가 하는 거지'라며 안심한다. 또한 한발 물러서며 고백을 배려하는 세일즈맨의 모습에서 더욱 신뢰를 느끼게 된다.

•

확신과 자유를 동시에 선사하라

고객에게 "이거 꼭 사세요!"라고만 하면 반발심이 일어날 수 있고, "선택은 전적으로 고객님 몫입니다."라고만 하면 클로징이 약해질 수 있다.

확신 있게 "이게 좋습니다."라고 클로징하라. 곧바로 "물론 최종 선택은 고객님께서 하시는 겁니다."라며 선택의 자유를 전달하자.

① 보험

"이 상품으로 가입하세요. 진짜 든든합니다. 물론 최종 선택은 고객님께서 하시는 겁니다."

② 헬스클럽 등록

"주 3회 코스로 시작하세요. 몸이 확실히 달라지실 거예요. 물론 최종 결정은 회원님께서 하시는 거죠."

③ 자동차 판매

"이 모델로 가시면 장거리 주행도 훨씬 편하실 겁니다. 그럼에도 최종 선택은 고객님 손에 달려 있죠."

④ 화장품

"이 라인 쓰시면 피부 톤이 한결 밝아집니다. 물론 결정은 고객님 몫이에요."

"꼭 사세요. 물론 최종 선택은 고객님께서 하시는 겁니다."

이 말 한마디가 '나를 믿고 따르라'는 확신과 '결국 결정은 당신에게 달려 있다'는 자유를 균형 있게 전달한다.

"오늘부터 시작하세요." (X)

"오늘부터 시작하세요. 물론 선택은 고객님께서 하시는 겁니다." (O)

POINT 확신을 가지고 권유하라. 이어서 최종 선택의 자유는 고객에게 있음을 전하라. 고객은 안심하고 결정한다.

세일즈 클로징의 지름길,
'쪽' 화법

고객에게 "마음에 드세요?", "괜찮죠?"라고 물어도, 고객의 입장에선 솔직히 무엇을 어떻게 답해야 할지 애매할 수 있다. 그러면 고객도, 판매자도 피곤해질 뿐이다. 대신 이렇게 물어보라.

"어느 쪽이 더 마음에 드세요?"

"어느 쪽이 더 편하세요?"

이 질문은 구체적인 선택지를 제공하기에 고객 입장에서는 대답하기가 더 편하다. 선택 대상이 두세 가지로 좁혀지니 결정도 빨라진다. 이름하여 '쪽' 화법이다.

•

'구매' 고민을 '선택' 고민으로 바꾸어라

'쪽' 화법으로 구매 고민을 선택 고민으로 바꾸어 주자. 고객이 훨씬 쉽게 결정을 내릴 가능성이 커진다.

① 보험 상담

"현재 고객님 상황에서 가장 시급하게 준비하셔야 할 보험을 기준으로 2가지 안을 준비했거든요. 어느 쪽이 더 필요할 것 같다고 느껴지세요?"

② 의류 매장

"오늘 입어 보신 두 벌 중에 어느 쪽 컬러가 더 잘 마음에 드세요?"

③ 가전제품

"고객님 상황엔 이 모델과 이 모델이 딱인데… 디자인으로만 놓고 봤을 때 어느 쪽이 더 끌리세요?"

④ 교육 프로그램

"주 2회 코스랑 주 3회 코스 중에 어느 쪽이 더 괜찮으실까요?"

클로징 직전, "어떠세요?"와 같이 막연한 질문을 하면 고객도 어떻게

반응해야 할지 모를 때가 많다. 반면 "어느 쪽이 더 끌리세요?"라고 특
정 선택을 유도하면, 훨씬 쉽게 대답이 나온다. 구매 고민을 선택 고민
으로 전환하여, 고객이 자발적으로 하나를 택하게 만드는 마법 같은 질
문이다.

"어떠세요?" (X)

"어느 쪽이 더 마음에 드세요?" (O)

POINT 막연하게 묻지 말고 '어느 쪽이~?'와 같이 구체적인 선택을 요
청하라. 구매 고민을 선택 고민으로 바꾸면 고객은 훨씬 쉽게 결정을 내
린다.

가성비 좋은 상품을 파는
가상 종결 화법

가성비가 탁월한 상품이라면, 처음부터 "싸다!"라고 다짜고짜 선언하지 말라. 때로는 고객에게 이렇게 물어라.

"고객님, 2주간 프랑스 전역을 도는 여행 상품이 있다면, 얼마까지 쓰실 의향이 있으세요?"

이렇게 물으면 고객은 이미 프랑스에 간다는 전제하에 가격을 상상해 본다. 만약 떠올린 금액보다 실제 가격이 저렴하다면 괜찮은 가격으로 느낄 가능성이 커진다.

이처럼 가격을 처음부터 공개하지 않고, 고객이 구입한다고 가정하게 만든 뒤, 가격을 먼저 상상하게 만드는 걸 '가상 종결'assumptive close 화법이라고 한다.

이 과정에서 고객은 선택할지 말지를 고민하는 게 아니라, 선택 이후의 사용 경험과 혜택을 미리 시뮬레이션하게 된다.

이처럼 미래를 떠올리면 고객은 보다 자연스럽게 그 선택을 받아들일 가능성이 커진다.

●

고객이 충분히 그 상황을 상상하도록 질문하라

"이 정도 구성에 다양한 혜택이 포함된다면 얼마쯤이면 합리적일까요?"

"이런 성능의 노트북이라면 어느 정도 예산을 생각하시나요?"

그런 다음 가성비를 이어서 강조하라.

"그렇죠. 한 300만 원 예상하셨죠? 실제론 250만 원이거든요. 그래서 전문가들 사이에서도 가성비가 좋다는 평을 많이 받는 모델이랍니다."

이처럼 고객이 충분히 상상할 수 있도록 질문하라. 이어서 고객의 예상보다 낮은 실제 가격을 제시하여 "우와, 괜찮은데?"를 끌어내라. 가성비를 최대로 돋보이게 하는 단순하지만 강력한 방법이다.

"2주 프랑스 여행 상품 250만 원입니다." (X)

**"2주 프랑스 여행이라면 얼마까지 쓰실 의향이 있으세요?
250만 원입니다." (O)**

POINT 당신의 상품이 가성비가 강점이라면 가격부터 말하지 마라. 먼저 "얼마까지 쓰실 의향이 있으세요?"라고 물어 고객이 적당한 가격을 상상하게 만들어라. 그다음 자신 있게 실제 가격을 제시하면 가성비를 더 강조할 수 있다.

'가격'으로 팔지 말고
'자격'으로 팔라

세일즈 현장에서 흔히 가격을 기준으로 설득하려 든다. 하지만 가격만 내세우면 고객도 '돈만 있으면 되네'라고 생각하기 쉽다. 반대로 '돈만 있다고 다 살 수 있는 상품은 아니다'라고 자격을 설정하면, 오히려 고객의 소유 욕구를 더 자극할 수 있다.

·

내 상품을 사용할 자격을 부여하라

내 상품이 특정 유형의 고객에게 더 큰 가치를 준다면, 그걸 조건처럼 선언하라.

"장거리 출퇴근하시는 분이 아니라면, 굳이 이 차 기능이 필요 없어요."

'왜 그 자격이 필요한지' 이유를 간단히 덧붙이면 설득력이 올라간다.

돈 있으면 다 살 수 있는 물건은 특별함이 떨어진다. "이건 특정 기준에 부합할 때 더 가치를 느낄 수 있습니다."라고 하면 고객은 자신이 그 기준에 부합하는지 확인해 보고 싶어진다. 그리고 자신이 그 기준에 부합하면 자부심을 느끼게 된다. 그리고 자연스레 구입으로 이어지게 된다.

① 의류 매장

"이 옷은 쉽게 추천해 드리지는 않는 모델이에요. 어깨가 넓으신 분들께만 추천해 드리거든요. 잘 어울리실 것 같은데 한번 걸쳐 보시겠어요?"

② 고가의 고성능 카메라

"이 카메라는 프로급으로 가시는 분이 아니면 오히려 기능이 남아돌아요. 사진에 진심이신 고객님께만 권해 드리고 있어요."

③ 교육 프로그램

"이 과정은 진짜 목표가 있으신 분만 들어오셔야 해요. 가볍게 수강하시는 분들은 힘들어하실 수 있거든요."

④ 금융 상품

"노후 대비가 어느 정도 되신 분들께 주로 추천해 드리는 수익형 상품입니다.”

“우리 상품, 돈 있다고 다 살 수 있는 게 아니에요.”

“이런 분께 딱 맞는 선택이죠.”

이렇게 누구나가 아닌, 특정 자격을 갖춘 사람만이 당신의 상품을 누릴 수 있다고 강조해 보라.

“이 기능은 장거리 출퇴근 하실 때 유용한 기능이랍니다.”
(X)

“장거리 출퇴근하시지 않으면 오히려 이 기능은 필요 없을 수 있어요.” (O)

POINT 가격으로 팔지 말고 자격으로 팔라. ‘돈만 있다고 살 수 있는 게 아니라 ~하신 분께!’라고 조건을 걸면 오히려 구매 욕구는 높아진다.

1등 아닌 1등 상품으로
포장하는 기술

1등만 기억하는 세상, 세일즈에서도 마찬가지다. 물론 1등을 달성하기는 쉽지 않다. 하지만 내 상품을 '1등'처럼 보이게 만들 수 있다. 방법은 간단하다. 범위를 좁히고 좁혀 그 안에서 1등임을 강조하라.

당신이 보고 있는 이 책을 예로 들어 보자.

"내 책은 경제경영 분야 전체에서 1등이 아닐 수 있다. 하지만 '경제경영 → 마케팅 → 영업/세일즈 → 세일즈언어' 분야에선 1등이다!"
"전체 판매 순위 1등이 아니어도 '30대 헬스트레이너 고객 구매량' 부문에선 1등!"

"출간 직후 한 달간 1등!"

이처럼 전체 1등은 불가능하더라도 특정 분야·고객·기간 내에서 1등이라면 말할 거리는 분명해진다.

•

1등 먹을 수 있는 범위를 설정하라

내 상품이 1등을 차지할 수 있는 범위를 먼저 생각해 보라. 분야, 고객, 기간으로 나누어 생각해 볼 수 있다.

① 분야: 카테고리를 좁혀라

'웰빙 식품에서 1등'은 광범위해서 힘들지만 '웰빙 간편식 중 곤약 면 라인'처럼 카테고리를 좁히면 그 안에서 1등은 가능할 수 있다. 자동차라면 단지 'SUV'가 아니라 '국내 소형 SUV 중 하이브리드 모델'로 좁힐 수 있다.

② 고객: 주 소비층을 좁혀라

타깃으로 삼는 주 고객층 역시 좁힐 수 있다.

"이 스마트워치는 '30대 여성 장거리 러너'들이 가장 선호하는 모델 1위입니다."

"우리 캠핑장은 다자녀 '캠핑카족'에게 가장 추천받는 경기 남부 1위

캠핑장!"

이처럼 특정 고객층 안에서 압도적 지지를 받는다는 걸 어필하라.

③ 기간: 짧게라도 1등 했던 순간을 찾아라

긴 시간 1등은 아니더라도 '6월 예약률 1위', '1분기 매출 1위' 등으로 1위를 했던 시점을 부각하라.

"지난주 전자제품 베스트셀러 1위."

"여름 시즌 한정 판매량 1등."

이렇게 짧은 기간을 묶으면 1등의 스포트라이트를 받을 수 있다.

세일즈에서 모두가 전체 1등이 될 순 없다. 하지만 범위를 좁혀서 1등을 강조하면 고객이 더 쉽게 기억한다. 기억에 남으면 매출로도 이어진다. 그러니 전체 1등이 어렵다고 포기하지 말고, 나만의 범위를 영리하게 설정해서 1등을 만들어라.

"이 책은 많이 팔린 좋은 책입니다." (X)

"이 책은 경제경영 분야 중, 영업/세일즈 분야 1등 책입니다." (O)

POINT 분야, 고객, 기간을 좁혀서 그 안에서의 1등을 만들어라. 고객의 눈길을 잡을 수 있다.

외향형 고객에게 먹히는 클로징 멘트

외향형 고객들은 자신이 뭘 원하는지 명확히 알고 표현하는 경우가 많다. 질문하면 시원시원하게 대답해 준다. 그리고 요구사항을 구체적으로 알려 준다. 이런 고객을 만났다면, 그저 잘 묻고 잘 들어 주기만 하면, 고객이 어떤 상품·서비스를 원하는지 파악할 수 있다.

"어떤 걸 찾으세요?"라고 물었다고 가정해 보자.

외향형 고객이라면 이런저런 요구사항을 편하게 말할 가능성이 높다. 경청하면서 고객의 요구사항을 꼼꼼히 정리하자. 고객의 말이 끝나도 잠깐 기다려 주어라. 고객이 본인 이야기를 다 했는지, 추가로 더 할 말이 있는지 확인하라.

다 들었다면 이렇게 한 문장만 던져라.

"알겠습니다. 고객님이 원하시는 조건에 딱 맞춰 드릴 수 있는 상품이 있다면 오늘 선택하실 의향이 있으신가요?"

고객이 "네, 뭐 그렇다면 선택해야죠."라고 답한다면 이미 구매 결정의 문턱에 선 상태다.

●

상품을 꺼내기 전에 작은 'Yes'부터 받아라

고객 요청에 딱 맞는 상품이 이미 있다 하더라도 바로 "있어요! 이거 보세요!"라고 덜컥 답하지 말라. 딱 맞는 상품을 보여 주기 전에 반드시 먼저 물어라.

"원하시는 상품이 있다면 사시겠습니까?"라고 구두 동의부터 확보하자. 구두동의가 있다면, 이후에 상품을 제시했을 때 거절당할 확률이 크게 낮아진다.

"가격은 50만 원 이하였으면 좋겠고, 디자인은 심플했으면 합니다. A/S도 번거롭지 않았으면 해요."

(3초 기다린 뒤)

"알겠습니다. 고객님 말씀대로 50만 원 이하, 심플 디자인, A/S 편한 상품이 있다면, 오늘 바로 결정하실 생각이세요?"

"음… 그렇다면 결정할 것 같아요."

"알겠습니다. 잠시만요, 확인해 보겠습니다"

(잠시 뒤)

"마침 딱 원하시는 상품이 있습니다. 이 모델로 하시면 됩니다."

"아, 네… 그러네요. 감사합니다."

고객은 이미 '조건 맞으면 사겠다'고 구두동의를 한 상황이기에 구매 확률이 커진다.

"원하시는 조건의 상품 물론 있어요! 이거 보세요!" (바로 제시) (X)

"원하시는 조건에 맞는 상품이 있으면 오늘 선택하실 건가요?" (먼저 약속 받기) (O)

POINT 외향형 고객이라면 요구사항이 명확하다. 요구사항에 맞는 선택을 권하기 전에 먼저 작은 'Yes'를 끌어내라. 그리고 제시하라.

고객의 결심을 이끄는 말,
'저도'

고객이 구매를 고민하거나 망설일 때 가장 궁금한 것 중 하나는 '정작 판매자 당신도 이 상품과 서비스를 쓰고 있나요?'일 수 있다.

그러니 판매하는 당신이 고객에게 "저도 그걸 사용하고 있어요."라고 하면 고객은 보다 안심하게 된다. 판매하는 당신 역시 실제로 사용하고 있다는 데서 강한 신뢰감이 생긴다.

•

실제로 사용해 본 경험을 말하라

실제로 내가 사용·가입·체험했거나, 최소한 주변인이 써 본 경험을 공유하라. 단, 장황하게 설명하기보다 "저도 써 봤는데 이런 점이 좋았어요." 정도로 간결하게 말하라.

고객: "고민되네요, 어떤 모델로 사야 할지…"

판매자: "그럼 이 모델로 하세요. 저도 이걸로 구입했거든요."

고객: "품질은 괜찮나요?"

판매자: "품질 좋습니다. 사실 저도 같은 상황이라 이 모델 썼는데, 정말 만족했어요."

고객: "음, 어떻게 준비해야 할지…"

판매자: "사실 저도 제 가족 보험은 이 상품으로 했습니다. 저 역시 이걸로 준비한 데에는 다 이유가 있겠죠?"

고객의 의심을 가장 쉽고 강력하게 잠재우는 한마디는 바로 "저도…"다. 구구절절하지 않아도 된다. '저도' 이 한마디는 고객의 결심을 돕는다.

"이 상품 정말 좋습니다." (X)

"저도 이거 쓰고 있어요." (O)

POINT 고객이 가장 궁금한 것 중 하나는 '그래서, 당신도 이걸 쓰나요?'일지 모른다. 실제 경험을 바탕으로 말하라.

고객을 단골로 만드는
한 문장의 힘
[고수]

자부심을 파는 법: 3가지 특별함을 강조하라

고객은 단지 '좋은 물건'을 사기 위해 지갑을 여는 게 아니다. 상품을 통해 만족감을 얻는 동시에, 좋은 선택을 한 자기 자신에 자부심을 느끼기 위해 돈을 쓴다. 이 자부심이 생기면 고객은 다음에도 같은 브랜드를 찾고 주변에도 추천하게 된다.

그럼 어떻게 해야 고객이 내 상품에 자부심을 느낄 수 있을까? 다음 3가지가 특별하다는 걸 강조하면 된다.

① 이 상품이 특별하다

'이 상품은 정말 괜찮은 거야'라는 만족감을 느끼게 한다.

② 이 특별한 상품을 눈여겨보는 고객(당신)도 특별하다

'이 좋은 걸 알아보는 나도 남다른 안목이 있구나'라고 생각하게 된다.

③ 특별한 상품을 특별한 고객이 선택하려는 이 순간이 특별하다

구매가 단순한 거래가 아닌 기억에 남는 경험이 되어야 한다.

상품, 고객, 순간, 이 3가지가 어우러질 때 고객은 '와, 내가 엄청난 선택을 하고 있구나!'라는 만족감을 얻게 된다. 주얼리숍에서 반지를 판매하는 경우를 예로 들어 보자.

① 상품이 특별하다

"이 다이아몬드 반지는 몇십 년간 축적된 전문 세공 기술로 만들어져서 광채가 보통 반지보다 훨씬 독보적이에요."

"다이아 중에서도 특별히 클레러티(투명도)가 높고, 희소한 컬러를 갖춘 제품이죠."

이렇게 반지 자체의 특별함을 강조하면 고객은 '아, 이 반지는 확실히 남다르구나!' 하고 느끼게 된다.

② 이 특별한 상품을 눈여겨보는 고객도 특별하다

"이 제품을 눈여겨보시다니, 정말 안목이 탁월하신 것 같아요. 이 정도 다이아의 등급이나 커팅을 못 알아보시는 경우가 많거든요."

"세심하게 살펴보시는 걸 보니, 특별한 반지를 찾으시려는 것 같아요.

이렇게 꼼꼼하게 보시는 고객님을 만나기가 쉽지 않답니다.”

이런 말을 통해 고객은 '내가 반지를 고르는 안목도 뛰어나고, 뭔가 남다른 선택을 하는 사람이구나!' 하고 느낄 수 있다.

③ 이 특별한 상품을 사는 순간이 더욱 특별하다

“특히 지금, 결혼을 준비하는 이 시점은 두 분에게 영원히 기억될 중요한 순간이잖아요. 이 순간은 특별하기에 보다 특별한 모델로 권해 드리고 싶어요.”

“많은 분이 다이아를 살 때 단순히 예쁘기만 하면 된다고 생각하시지만, 이렇게 '우리만의 스토리'가 담길 반지를 찾으시는 건 정말 특별한 일이에요. 지금 이 선택의 순간이 훗날 두 분에게 소중한 추억이 되겠죠.”

고객이 의사결정을 내리는 그 순간을 특별하게 강조해 준다. 그러면 고객은 단순히 반지를 사는 게 아니라, 결혼 준비의 '한 장면'이 더욱 빛난다고 느끼게 된다.

•

'상품, 고객, 순간'의 3박자로 특별한 경험을 선사하라

다른 분야에도 적용해 보자.

① 자동차 판매

상품의 특별함: “이 차는 최신 하이브리드 기술로 연비가 업계 최고

수준입니다."

고객의 특별함: "환경과 연비를 동시에 생각하시는 정말 깐깐한 안목을 가지셨네요."

순간의 특별함: 출산을 앞두고 계시니만큼 차량 선택은 그 어떤 준비보다도 중요합니다. 내 차와 가족 차는 달라져야 하거든요.

② 헬스장/PT 프로그램

상품의 특별함: "저희 프로그램은 재활 전문가와 영양사가 함께 설계한, 국내에서는 드문 통합 관리 시스템이에요."

고객의 특별함: "고객님처럼 의지가 확고하신 분들은 보통 한 달 만에 체지방이 눈에 띄게 감소하더라고요."

순간의 특별함: "이제 본격적인 여름휴가 기간이 두 달여 앞으로 다가왔잖아요. 오늘부터 두 달간 집중적으로 운동하시죠."

③ 온라인 교육 서비스

상품의 특별함: "이 강의는 국내 1등 강사가 직접 커리큘럼을 설계했고, 기수마다 업데이트되니 언제든 최신 정보를 배울 수 있어요."

고객의 특별함: "보통은 인터넷 검색만으로 해결하려고 하는데, 이렇게 체계적으로 배우겠다는 결심을 하신 고객님은 역시 남다르십니다."

순간의 특별함: "처음 오픈되는 과정이다 보니 이번에 신청하시면 첫 수료생이 되실 거예요. 첫 수료생이시니 만큼 혜택도 더 많이 받으시게 될 겁니다."

정리해 보자.

첫째, '내 상품이 얼마나 특별한지'를 알리되, 구체적 근거(스펙, 스토리)를 들어라.

둘째, 고객에게 '이 특별한 상품을 알아보는 당신이 또한 특별한 사람'이라는 느낌을 전달하라. 고객은 스스로를 '남다른 선택을 할 수 있는 안목 있는 사람'이라고 믿고 싶어 한다.

셋째, 상품을 선택하려는 '지금 이 순간의 특별함'을 강조하라. 구매 결정을 내리는 지금 이 순간에 특별한 의미가 부여되면 고객은 자신이 한 선택에 대해 강한 자부심을 갖게 된다.

이렇게 3박자가 갖춰지면 고객은 단순히 상품을 구매하는 게 아니라, 특별한 상품을 특별한 내 안목으로 특별한 타이밍에 선택했다는 특별한 스토리를 경험하게 된다. 이는 당신의 브랜드나 서비스에 대한 긍정적인 인상을 심어 줄 것이다.

"이 상품은 특별합니다." (X)

"이 상품은 특별합니다. 게다가 이걸 알아보는 당신도, 그리고 지금 이 순간도 특별합니다." (O)

POINT 자부심을 팔려면 3가지 특별함을 강조하라. 상품, 고객 그리고 순간을 특별하다고 강조하면 고객은 자부심에 지갑을 연다.

밝은 미래를 제시하라!
상상 화법

고객이 아직 의심이 가득한 상태에서 무작정 "좋은 상품이니 사세요!" 라고 말하면 부담스러워할 수 있다. 대신 고객이 자신이 원하는 미래를 구체적으로 떠올리게 만들고, 그 미래 속에 당신의 상품이 있게 하라.

먼저 상품이나 서비스를 소개한 뒤 긍정적인 미래의 구체적 이미지를 떠올리게 한다. 예를 들어 다이어트 상품을 판매한다면 상품을 설명한 뒤, "한 달 뒤 몸이 한결 가벼워지는 모습, 어떠세요?"라고 덧붙여라.

특히 내 상품이 단지 현재가치만을 소개하는 상품이 아닌, 미래가치까지 소개하는 상품이라면, 고객에게 미래를 떠올리게 만드는 건 더욱 중요하다.

●

"어떨까요? 상상해 보세요!"

짧고 임팩트 있게 "어떠시겠어요? 상상해 보세요!"라고 덧붙이자. 이 말 한마디가 고객의 무의식을 파고든다. 다양한 분야별 실전 예시를 알아보자.

① PT/헬스장

"한 달 정도만 저희 프로그램 그대로 따라오셔도 효과를 볼 겁니다. 복근 라인이 보이고, '최근 살 빠진 것 같다'는 말을 듣게 된다면 어떠실까요? 상상해 보세요!"

"2주 뒤, 계단 오르내릴 때 숨이 덜 찬다면 어떨까요? 상상해 보세요!"

"100일만 해 보시면 아무 매장에나 들어가서 프리사이즈 옷을 입어 봐도 척척 맞을 거예요. 그 기분이 어떨까요? 상상해 보세요!"

② 자동차 판매

"리터당 18km를 주행할 수 있는 차가 생기면 매번 주유소 갈 때마다 드는 기름값 걱정이 확 줄어드는 거잖아요. 어떠실까요? 상상해 보세요!"

"이번 휴가 때 트렁크 가득 짐을 채우고 시원하게 여행 가는 모습, 어떠세요? 상상해 보세요!"

"주차장에서 빼기 쉽고, 좁은 골목도 술술 빠져나오는 콤팩트함! 어떨까요? 상상해 보세요!"

③ 화장품 판매

"이 앰플을 4주만 꾸준히 쓰시면 피부 톤이 점점 밝아질 거예요. 지인들이 '피부 좋아졌네?'라고 칭찬한다면 어떠실까요? 상상해 보세요!"

"출근 전에 베이스 메이크업을 따로 안 해도 '광채'가 돈다면 어떠실까요? 상상해 보세요!"

"미간 주름이 뚜렷하게 옅어지고, '뭐 좋은 일 생겼어?'라는 말을 듣게 된다면 어떠실까요? 상상해 보세요!"

④ 금융/보험 상품

"이 상품에 가입하시면, 10년 뒤에 가족 여행 경비든 아이 교육자금이든 여유롭게 쓸 수 있는 목돈이 생길 거예요. 그 든든함이 얼마나 좋을까요? 상상해 보세요!"

"앞으로 1년간 매달 10만 원 저축해 두면 내년에 120만 원 넘는 돈이 뽕 하고 나타나는데, 그 기분이 어떨까요? 상상해 보세요!"

"보험금 청구할 때 복잡한 절차 없이 전화 한 통이면 다 해결된다면 어떨까요? 상상해 보세요!"

⑤ 인테리어/가구 판매

"이 리모델링으로 거실이 확 트이게 되면 손님을 초대했을 때 얼마나 뿌듯할까요? 상상해 보세요!"

“우리 아이가 뛰어다녀도 다칠 걱정 없이 넓은 공간에서 마음껏 놀수 있다면 어떨까요? 상상해 보세요!”

“거실 창가에 앉아 커피 마시는 순간, 휴양지에 온 듯한 느낌을 매일 누릴 수 있다면? 어떠세요? 상상해 보세요!”

고객의 머릿속에 행복한 그림을 그려 주자. 그리고 그 그림을 완성할 상품을 건네주는 것이다. 고객은 자신이 바라는 미래를 얻는 열쇠가 바로 당신의 상품이라고 인식할 것이다.

**한 문장을
바꾸면
팔린다!**

“다이어트를 도와주는 상품입니다. 정말 좋으니 선택하시죠.” (X)

“한 달 뒤 몸이 가벼워지는 모습, 어떠세요? 상상해 보세요!” (O)

POINT 상품과 함께할 고객의 밝은 미래를 구체적으로 상상하게 만들어라. 감정이 이입되는 순간 구매 욕구는 극대화된다.

돈 쓰게 만드는
정당화의 기술

3kg 감량에 성공한 날, "오늘은 고생했으니 치킨 한 마리쯤은 괜찮아!"라며 야식을 시킨다. 이처럼 우리는 "그동안 수고했으니 오늘은 조금 봐 줘도 돼!" 하는 보상 심리로 인해 그간 참아 왔던 소비를 정당화해 버리기도 한다.

세일즈에서도 이 원리가 놀라울 만큼 잘 통한다는 사실! 고객의 마음속에는 끊임없이 '지금 여기에 지출해도 괜찮은가?' 하는 고민이 있다. 그러면서 동시에 '돈을 쓰는 행위'를 합리화할 근거를 찾는다.

이때 단순히 "이 상품 좋으니 사세요!"라고만 말하면 고객은 '이게 정말 필요한 지출일까?' 하고 더욱 망설이게 된다. 대신 '축하할 일' 혹은 '기념할 만한 이벤트'를 언급해 주자.

"이번에 회사에서 승진하셨잖아요! 나를 위해 크게 한번 써 줘야 하지 않을까요?"

이처럼 고객이 자기 자신에게 '보상'을 주어야 한다고 느끼면, 비교적 고가의 상품이나 추가 옵션도 훨씬 수월하게 구매하게 된다.

●

고객 대신 소비를 합리화해 주어라

고객이 지출을 망설인다면 그 소비를 합리화해 주고 정당성을 대신 부여해 주자. 다음과 같은 다양한 상황에서 활용해 볼 수 있다.

① 고객이 승진한 상황

"진급 축하드립니다! 직장생활 하시느라 애쓰셨을 텐데, 이번 기회에 스스로에게 상을 좀 주셔야죠. 이왕이면 프리미엄 모델로 가시는 건 어떠세요?"

② 자녀의 입학 · 졸업 · 시험 합격 등

"어머, 아이가 좋은 학교에 합격했다면서요? 고생한 건 아이뿐만 아니라 어머님도 마찬가지죠. 이번 방학에 아이 데리고 가족 여행 한번 떠나 보시는 건 어때요? 조금 더 럭셔리하게 가시면 아이도 정말 좋아할 거예요!"

③ 건강검진 결과가 좋아서 기뻐하는 상황

"오랜만에 건강검진에서 '아주 좋음' 판정 받으셨다고요? 정말 축하드립니다! 이번 기회에 프리미엄 건강기능식품으로 업그레이드하시면 어떠세요? 앞으로 건강을 더 오래 유지해야 하니까요."

④ 고객의 생일이나 기념일

"오늘이 생일이시라고요? 1년에 한 번 나에게 특별한 선물 한번쯤은 해줘야죠! 이번엔 최상위 모델로 가 보시는 거 어떠세요? 스페셜한 날이니만큼, 스페셜한 선택을 하셔야죠."

⑤ 대출 완납

"드디어 대출 다 갚으셨다니 축하드려요! 이제 통장에 매달 여유가 생기시겠네요. 이참에 가전제품 싹 교체하시는 건 어떠세요? 렌털로 시작하시면 초기 부담도 확 줄거든요."

⑥ 창업, 창립기념일

"창업 10주년 축하드립니다! 이제 회사도 자리 잡아가니 이번 기회에 사무실 인테리어 확 바꿔 보시면 어떠세요?"

⑦ 승부, 시합

"마라톤 완주 축하드립니다! 다음 목표 달성을 위해 러닝화도 최고급 모델로 업그레이드하시는 것도 좋을 것 같아요."

⑧ 자격증 합격

"자격증 공부하시느라 애쓰셨어요! 이럴 땐 자신을 위한 선물 하나 하셔야죠. 노트북이나 태블릿은 어떠세요?"

이렇듯 소비를 합리화해 줄 정당한 명분을 만들어 주어라. 고객은 "그래, 이번엔 좀 쓰자!" 하고 마음을 열게 된다. 고가 상품도, 추가 옵션도, 럭셔리 업그레이드도 축하할 만한 명분이 생기면 훨씬 수월하게 판매할 수 있다.

축하할 일 → 나를 위한 보상 → 그 기회가 바로 지금

오늘부터 고객의 소비를 정당화시켜 줄 괜찮은 명분을 찾아 주자. 그래야 잘 팔 수 있다.

한 문장을
바꾸면
팔린다!

"프리미엄 모델이 아무래도 더 좋죠. 추천합니다." (X)

"승진 축하 드려요. 그간 고생한 스스로에게 상 주셔야죠. 프리미엄 모델 어떠세요?" (O)

POINT 승진, 합격, 생일 등 축하할 일을 언급하며 '나를 위한 보상'이라는 명분을 주어라. 고가 상품에도 기꺼이 지갑을 연다.

고객을 특별하게 만드는
'딱' 화법

누구나 자기 자신이 가장 소중하다. 고객도 마찬가지다. 심리학에서는 이를 '자기중요감'Self-importance이라고 부른다. 잘 파는 사람들은 이 욕구를 절묘하게 자극해, 고객이 '아, 이 사람이 나를 특별히 신경 써 주고 있구나!'라는 느낌을 받게 한다.

또한 수많은 선택지 속에서 '무엇이 나에게 맞는지' 알기 어려울 때 "고객님께 딱 맞는 건 이겁니다."라는 메시지를 준다. 고객은 흔쾌히 선택할 가능성이 높아진다. 나는 소중하기에 나에게 딱 맞는 상품은 더 특별하게 다가오기 때문이다. 설사 가격이 조금 더 비싸더라도 선택할 이유는 분명해진다.

"고객님께 딱이에요!"를 기억하라

고객이 '이 상품은 나를 위한 것 같다'고 느끼도록 만들자. '딱'이라는 한 글자를 활용해 확신을 전하자. "고객님께 이게 맞춤형 상품이긴 한데, 여러 가지 이유로…."식의 장황한 설명보다 "고객님께 딱입니다!"라고 간결하고 강렬하게 표현하는 편이 훨씬 기억에 남는다.

다양한 상황의 예를 보자.

① 헬스장 PT 상담

"보통 PT 프로그램이 다양하지만, 고객님께 딱 맞는 재활 운동 코스가 있어요. 몇 주만 해 보시면 몸이 훨씬 편해지실 겁니다."

② 자동차 판매

"이 차, 패밀리카로도 훌륭하고 연비까지 좋아서 고객님 라이프 스타일에 딱이에요. 나들이할 때 비용 부담도 훨씬 적으실 겁니다."

③ 보험 설계

"다양한 상품이 있지만 고객님 상황에는 이 플랜이 딱이에요. 꼭 필요한 위험 요소만 안정적으로 커버하고, 불필요한 담보는 빼서 비용 부담도 줄였거든요."

고객이 가장 소중히 여기는 것은 결국 자기 자신이다. 그러므로 내 상품이나 서비스를 '당신을 위한 것'으로 소개하라. '딱'이라는 한 글자가 만들어내는 심리적 파장은 무척 크다. 고객이 '나를 알아주는구나', '특별한 대접을 받고 있구나!' 하고 느낄 때, 지갑이 열리는 속도도 훨씬 빨라진다.

"상품이 워낙 좋으니까 한번 써 보세요." (X)

"고객님께 딱입니다." (O)

POINT "당신에게 딱입니다."라는 한마디가 특별함을 준다. 고객은 나를 알아주고 특별하게 대해 주는 사람에게 지갑을 연다.

단골에게 애칭을 붙여 주면
슈퍼 단골이 된다

당신과 당신의 상품(서비스), 그리고 당신의 사업장을 자주 찾는 특별한 고객이 있는가? 그렇다면 그 단골 고객들에게 애칭을 붙여 주자. 단지 '고객님'이 아니다. 자부심을 느낄 만한 특별한 이름이 있어야 한다.

예를 들어보자. 걸그룹 뉴진스의 팬클럽 이름은 '버니즈'다. 팬들을 '토끼'라고 부른다. 이는 팬덤 내에 독자적인 문화를 형성하고, 더 강력한 브랜드(스타)와 연결돼 있다는 느낌을 심어 준다.

당신의 사업과 영업도 마찬가지다. 고객들에게 애칭을 붙여 주는 순간, 고객은 단순 고객이 아니라 당신의 사업 영역에 소속되어 있다는 느낌을 받게 된다. 당연히 당신의 브랜드에 더 큰 애착을 느끼게 된다.

그럼 애칭은 어떻게 지을까? 브랜드와의 연관성을 생각해야 한다. 다시 아이돌 팬클럽의 예를 보자.

뉴진스 → 토끼(버니즈), BTS → 아미, 아이유 → 유애나

브랜드를 연상시킬 수 있는 쉬운 발음, 그리고 재미있는 의미를 가진 단어가 좋다. 이해하기 쉽고, 기억하기 좋아야 한다. 아무리 담긴 의미가 좋아도 너무 복잡하거나 발음하기 어려운 애칭은 잘 안 쓰게 된다.

처음 애칭을 붙일 때 "이제부터 우리 단골분들을 '○○즈'라고 부를게요." 하고 공식적으로 선언하라. 그리고 기념 이벤트나 작은 혜택(할인, 특별상품) 등을 주어라. 단골들은 '나만의 특권'이라고 느껴 더 열심히 참여한다.

애칭이 붙은 팬들은 주변 사람들에게도 브랜드를 소개할 것이다. 입소문과 재방문으로 이어지는 선순환이 일어난다.

●

애칭이 브랜드와 단골을 더 깊이 연결한다

단골 고객들에게 애칭을 지어 주면 소속감과 결속력이 강해지고 브랜드 정체성이 강화된다.

① 뷰티/헬스숍

"저희는 이곳을 자주 찾는 회원님들을 '시스터'Sister 라고 부르는데요.

때로는 언니처럼, 때로는 동생처럼 서로에게 착한 잔소리를 멈추지 않겠다는 의미예요."

회원들끼리도 서로를 '시스터'라고 부르며 친밀해질 수 있다.

② 온라인 교육/커뮤니티

"우리 강의를 수강하는 분들을 '스파르타즈'Spartaz라고 부르는데, 어려운 미션도 함께 극복해 나간다는 의미예요."

수강생들끼리 "스파르타즈 화이팅!" 하며 스스로를 독려하고, 커뮤니티가 활성화된다.

③ IT 서비스/앱

"이 앱의 충성 유저 분들을 '테스터즈'Testers라고 부르며, 새로운 기능은 테스터즈 분들이 먼저 써 보실 수 있어요."

'테스터즈'라는 이름 덕분에, 사용자들은 자신들을 특별한 그룹으로 인식하고 적극적으로 피드백에 참여한다.

이처럼 애칭을 붙여 주면 고객은 내가 이곳의 일원이라는 소속감과 자부심을 느낀다. 고객들끼리도 서로를 애칭으로 부르며 서로 결속하고 즐겁게 소통하게 된다. 그렇게 형성된 끈끈함이 롱런의 비결이다. 이들은 당신의 사업을 굳건히 지탱해 줄 슈퍼팬이 되어 줄 것이다.

"늘 함께해 주시는 단골 고객님들 감사합니다." (X)

"우리 '시스터'님들 항상 감사합니다." (O)

POINT 단골에게 애칭을 붙여 주면 슈퍼 단골이 된다. 애칭은 소속감을 만들고 고객들끼리 결속하게 만든다. 팬덤처럼 단골을 키워라.

깎아 주고도
욕먹지 않으려면

흥정하고 깎아 주는 일은 고객을 상대하는 업자에게는 숙명과도 같다. 그런데 깎아 주고도 고맙다는 말을 듣지 못한다면? 너무 속상한 일 아닐까.

총금액만 말하며 깎아 주면, 고객은 보통 '뭐야, 그것밖에 안 깎아 줘?'라고 느낄 수 있다. 같은 돈을 깎아 주더라도 고객에게 체감되는 할인율은 다르게 인식되기 때문이다.

예를 들어보자. 인테리어 비용이 총 110만 원이다. 그런데 고객이 좀 깎아 달라고 말한다.

"그럼 110만 원에서 105만 원으로 해 드릴게요."

고객은 '에이, 겨우 5만 원? 야박하네'라고 생각할 수 있다.

대신 이렇게 말해 보자.

"고객님, 자재비 100만 원은 제가 손대기 어렵고요. 대신 시공비 10만 원에서 절반인 5만 원 시원하게 깎아 드리겠습니다."

그러면 고객은 "오, 시공비를 절반이나 깎아 주신 거예요? 감사합니다!"라고 할 수 있다.

똑같은 5만 원인데 왜 체감이 다를까? 할인율이 분명하게 보이기 때문이다. 전체 금액(110만 원)에서 5만 원은 약 4.5% 할인에 불과해 보인다. 반면 시공비(10만 원)에서 5만 원은 50% 할인이라 많이 깎아 준 것처럼 느껴진다. 고객은 '할인받는 기쁨'을 더 크게 느끼게 된다.

●

내역을 구체적으로 나눈 견적서를 제공하라

이처럼 구체적 항목을 콕 찍어 할인해 주면 마치 혜택을 더 주는 듯한 인상을 줄 수 있다. 구체적으로 어디서 얼마를 빼 주는지가 명확하면, 그만큼 고마움을 더 크게 느끼기 때문이다.

그러므로 가격 흥정을 위해 자재비, 인건비, 운송비, 시공비 등 구체적인 항목들이 기재된 견적서(반드시 서류 형태여야 한다)를 준비하라. 멋진 디자인이 아니어도 된다. 그저 최종 비용을 이루는 항목들이 구체적으로 제시된 종이 한 장, 딱 그 정도면 충분하다.

그리고 그 서류를 통해 "이 항목에서 이렇게 할인해 드릴게요."라고 말하며 할인의 항목을 구체적으로 제시하자. 그러면 고객 역시 더 명확하게 할인율을 체감하게 된다.

여기에 더해 '시원하게', '확' 같은 표현으로 할인의 임팩트를 더해 주자.

"시공비 절반은 제가 책임지겠습니다!"

"운송비는 오늘만 100% 무료로!"

이런 말은 고객에게 통 큰 배려처럼 들린다.

"자재비는 고급 자재를 쓰기 때문에 어떻게든 줄일 수가 없고, 대신 시
공비는 제 재량이 조금 있으니 확 깎아드릴게요."

고객 입장에서는 '고급 자재에 대한 가치는 포기하지 않되, 그래도 할
수 있는 한 최선을 다 해 주는구나'라는 신뢰감이 생길 것이다.

항목을 쪼개고, 그 항목에서 할인의 비율이 느껴질 수 있게 할인하라.
그래야 고객도 고마운 줄을 안다.

"110만 원인데요, 105만 원으로 해 드릴게요." (X)

**"110만 원인데요, 자재비 100만 원은 건드릴 수 없지만 대
신 시공비 10만 원에서 5만 원 시원하게 깎아 드릴게요." (O)**

POINT 가격을 구성하는 항목을 구체적으로 나누고, 그중 하나를 시원
하게 깎아 주면 고객은 큰 할인을 받았다고 느낀다.

약정 상품,
약속 화법으로 팔아라

당신의 상품과 서비스가 '약정'이라는 제도하에서 판매되고 있다면 주목! 고객은 '약정'이라는 단어를 들으면 '몇 년 동안 묶여 있어야 하나?'라는 심리적 거부감을 느끼게 된다.

반면 '약정'이라는 단어가 지닌 부정적 뉘앙스를 '약속'이라는 부드러운 표현으로 치환하면, 거부감이 확 줄어든다. 또한 오랜 기간을 '관리/안심'과 연결하라. 긴 약정 기간은 다르게 생각하면, 고객에게 '지속적 AS'나 '안심 보장'이라는 장점이 될 수 있다.

이처럼 약속 화법으로 풀어 내면 오랜 기간이 오히려 고객에게 이익이라고 받아들여진다. 약정이라 생각하면 부담, 약속이라 생각하면 안심. 이 작은 언어의 전환이 긴 약정 상품을 팔 때 매출을 확 달라지게 한다.

약정이 아닌 약속, 관점을 뒤집어라

'약정'이라는 단어는 최소화하는 게 좋다. 굳이 약정이라고 강조할 필요가 없으니, '약속'이나 "이 기간 동안 저희가 책임집니다." 같은 긍정 표현으로 바꾸자.

이때 책임을 구체화하라. 단순히 "책임지겠습니다." 말고, '월 1회 점검', '소모품 교체', '무상 A/S' 등 구체적 관리 항목을 제시하라.

또한 비교 포인트를 제시하라.

"약정 없이 사면 오히려 불편이나 추가 비용이 생길 수 있어요. 저희는 그 불편을 해결해 드리겠다는 약속을 드립니다."

고객이 '이번 기회에 제대로 관리받고 싶다'는 생각이 들 수 있게 유도하라.

"고객님, 이 상품(서비스)은 2년/3년간 꾸준히 사용하셔야 제품의 품질뿐 아니라 지속적 관리가 핵심이라는 거 잘 아시죠? 사실 2년, 3년이라는 기간 동안 고객님이 느낄 의무감보다 저희의 책임감의 무게가 훨씬 큽니다. 쓰시는 동안 신경 쓸 일 없도록 꼼꼼하게 관리해 드릴게요. 그러니 '약정'이라 생각하지 마시고 '저희가 드리는 약속'이라고 생각해 주세요."

고객이 느끼기에 '내가 묶인다'는 의미가 아니라 '내가 관리를 받는구나, 나에게 이익이구나'라는 의미로 관점이 전환된다.

2~3년이라는 기간을 '고객 의무감'이 아닌 '판매자 책임감' 구도로 바꿔 주자. 고객은 안심하고 약정의 기간을 자연스레 수용하게 될 것이다.

"이 상품은 의무적으로 3년 약정입니다." (X)

"3년 동안 저희가 관리해 드리겠다는 약속입니다." (O)

POINT 약정은 거부감을 주지만 약속은 안심을 준다. 그러니 '약정 기간'이 아니라, '저희가 책임지는 기간'으로 프레임을 바꿔라. 관점을 뒤집으면 같은 계약 기간도 다르게 느껴진다.

소개받아서
오셨나요?

"소개받아서 오신 건가요?"

처음 만나는 고객에게 이렇게 질문해 보라.

고객이 설사 소개를 통해 온 게 아니더라도 '아, 이곳은 누군가가 소개해 줄 정도로 괜찮은 곳이구나'라는 긍정적인 첫인상을 주게 된다.

만약 진짜 누군가의 소개를 통해 왔다면 누가 소개해 주었는지 확인하라.

"소개해 주신 분이 누구신가요?"

소개해 준 고객이야말로 당신의 사업을 번창시켜 줄 귀인이다. 그 고객에게 감사 인사를 전하거나, 특별한 혜택(작은 사은품, 서비스 등)을 제공해도 좋다. 그러면 소개해 준 사람이 지속적으로 더 많은 '새 고객'을 연결해 줄 가능성이 커진다.

또한 이 질문은 가격 책정에도 유리하다. 만약 정찰제가 아니라 상황에 따라 가격을 조율하는 상품·서비스를 판매한다면? 소개해 준 분에게 어떤 가격이나 조건을 적용했는지 알 수 있기에, 새로운 고객에게도 일관성 있는 적정 가격을 제안할 수 있다.

"○○님께 소개받으셨군요? 그럼 ○○님과 비슷한 조건으로 맞춰 드릴게요."

그러면 고객은 '오, 나도 좋은 조건을 받는구나!' 하고 만족한다.

•

질문 한 번으로 매출이 달라진다

"소개받아서 오셨나요?" 혹은 "어떤 분께 소개받으셨나요?" 이 짧은 질문으로, 믿음('아, 여긴 소개로도 오는 곳이구나'), 감사(소개해 준 고객 파악 & 인사), 가격 일관성(소개자와 동일 기준) 등 여러 효과를 볼 수 있다.

아주 작은 습관이지만, 이걸 하는 사람과 안 하는 사람의 성과는 분명 큰 차이가 날 것이다. 이 질문이 당신의 매출을 올리고, 고객 신뢰를 높이며, 소개자와의 관계까지 돈독하게 만들어 줄 것이다.

"어떻게 오셨어요?" (X)

"소개받고 오신 거죠?" (O)

POINT 처음 만나는 고객이라면 "소개받아서 오셨나요?"라고 물어라.
질문 한 번으로 신뢰와 매출이 달라진다.

고객 질문에 답변만
잘하는 것으로 충분할까?

고객의 질문에 곧이곧대로 답변만 잘한다고 해서 세일즈가 이루어지는 게 아니다. 묻는 말에 해당하는 답만 주면 거기서 대화는 끝난다. 사실 고객 머릿속엔 '이건 왜 이렇게 되고, 또 다른 대안은 없을까?' 같은 추가 궁금증이 숨어 있을 수도 있다. 고객은 함께 고민하고 해결책을 찾아주는 사람을 원하고 있을지 모른다.

그래서 답을 잘 내놓는 것도 중요하지만, 한발 더 나아가 고객의 마음을 함께 들여다볼 수 있는 태도가 필요하다.

그러므로 고객의 질문에 답을 말한 뒤 이렇게 덧붙이자.

"그밖에 또 궁금하신 점은 없으세요? 저도 같이 고민해 드리고 싶습니다."

이 한 문장으로 고객의 추가 니즈를 탐색할 수 있다. 그리고 '나는 당신 편'이라는 인상을 줄 수 있다. '내가 잘 아는 것만 설명하고 끝'이 아니라 '편안하게 모든 궁금증을 털어 놓아도 된다'는 메시지를 전해 준다.

●

고객과 함께 고민하라

"고객님, 더 궁금한 건 없으세요?"라는 짧은 질문이 더 깊은 대화로 이어지고, 매출과 관계 모두를 업그레이드할 수 있다.

① 보험 상담

고객이 "암 보장은 어떻고, 뇌·심장 보장은 또 어떤가요?"라고 질문했다면, 답변한 다음 "혹시 그밖에 가족력이라든지, 다른 고민 있으세요? 저도 함께 고민해 드리고 싶습니다."라고 말하라.

② 부동산 매매

고객이 "이 집은 몇 평이고, 역세권은 어떤가요?"라고 묻는다면, 답변한 다음 "또 어떤 궁금한 점 없으세요? 저도 같이 고민해 드리면 좋을 것 같아서요."라고 말하라.

③ IT 솔루션

고객이 "기능이 A, B, C까지 있다고 하던데 보안은 어떤가요?"라고 물어보면, "보안은 이런 방식으로 하고요. 혹시 그밖에 시스템 연동이나 업그레이드 부분 관련해서 궁금하신 점 없으세요?"라고 말하라.

이처럼 답변에 이어 추가 질문을 하자. 고객이 자신의 이야기를 더 하고 싶다는 마음이 들면, 구체적 솔루션을 더 정확히 제안할 수 있게 된다.

"네. 말씀해 주신 부분에 대한 답변은 이러이러합니다." (X)

"네. 이러합니다. 그밖에 또 궁금하신 점 없으세요? 저도 같이 고민해 드리고 싶습니다." (O)

POINT 고객의 추가 니즈를 탐색하고 "나는 당신의 편입니다."라는 인상을 주어라. 더 깊은 대화와 더 높은 매출로 이어진다.

구차하지 않게
재차 권유하는 법

'열 번 찍어 안 넘어가는 나무 없다'는 말처럼 고객도 한두 번 권한다고 바로 구매 결정을 내리는 경우는 드물다. 만약 한 번 권했는데 반응이 뜨뜻미지근하다고 해서 바로 포기할 필요는 없다.

물론 똑같은 고객에게 재차 권유하기는 꺼려질 수 있다. 구차해 보일까 봐 두렵기도 하다. 하지만 다시 한번 권하는 것이 고객에게도 도움이 된다는 확신이 있다면 권해야 한다.

단 재권유를 할 때는 팔아야 한다는 나의 관점이 아니라 고객의 관점에서 접근해야 한다. 즉 '나중에 고객이 후회하지 않도록'으로 이라는 관점으로 접근해 반감을 줄여 보자.

"고객님, 나중에라도 '왜 그때 더 강하게 권하지 않았을까?' 하고 서운해하실까 봐, 지금 한 번 더 말씀드리는 게 맞다고 판단했습니다. 정말 고객님께 필요한 상품이기에, 다시 한번 제안해 드리고 싶습니다."

내가 계속 권유하는 건 단지 내 이익 때문이 아니라, 고객이 나중에 아쉬워하지 않도록 배려하는 마음이라는 진정성이 느껴져야 한다.

●

고객 관점에서 다시 권유하라

'내가 팔아야 하니까'가 아니라 '고객이 미래에 후회 없도록'이라는 시선이라면 고객이 자신을 위한 조언으로 받아들이고 수용성이 커진다. 당신에 대한 신뢰와 호감도 상승할 것이다.

이때 너무 장황하게 말하지 말고 간단하고 직관적으로 말하는 게 좋다. 너무 비장한 표정으로 말하면 부담스러울 수 있다. 진정성을 담아 정중한 어조로 말하되, 밝은 톤과 미소를 유지하자.

다른 사람의 예도 함께 말하면 더 좋다.

"전에 어떤 고객님도 '그때 안 사서 후회됐어요. 왜 더 적극적으로 권하지 않았냐'고 하셨거든요. 그래서 고객님께도 한 번 더 말씀드리고 싶습니다."

실제 사례를 언급하면 더 현실적으로 다가온다.

"정말 좋은 상품이라 다시 한번 권해 드리고 싶어요." (X)

"나중에 '왜 그때 강하게 권해 주지 않았을까?'라며 서운해 하실까 봐 한 번 더 말씀드립니다." (O)

POINT "당신이 서운해하실까 봐 다시 말씀드립니다."라고 말하면 구차해 보이지 않는, 그러나 진정성 있는 배려로 느껴진다.

때로는 조언하지 말고 조언을 구하라

일반적으로 세일즈맨이라면 고객에게 조언해 주는 쪽이라고 생각하기 쉽다. 하지만 요청하지도 않은 조언을 했다가 되레 실패하는 경우도 있다. 부탁받지 않은 조언은 비난이라고 하지 않던가.

때로는 고객에게 조언을 구하는 것이 더 큰 힘을 발휘한다. 우리가 상대방에게 조언을 구하면, 상대방은 '내 의견을 중요하게 여기는구나'라는 생각이 들지 않는가.

세일즈에서도 마찬가지다. "고객님, 제가 고민이 있는데 조언 좀 부탁드려도 될까요?"라고 접근해 보자. '조언자'와 '조언을 받는 자'라는 관계를 통해 고객은 '내가 이 사람을 돕고 있다'는 심리가 강화된다. 시간이 쌓이면서 고객은 '이 사람은 나에게 기꺼이 조언을 구하는 믿을 만한 상대'라고 인식하고, 자연스럽게 친밀감이 상승한다.

●

조언을 구하고 감사를 전하라

우선 사소한 고민거리를 준비하라. 전문적인 문제(고객의 업무 전문 분야)든 일상 속 작은 고민이든, 적당히 대화 나눌 만한 주제가 필요하다.

"여쭤볼 게 있습니다."로 시작하라. 이 한마디로 고객의 호기심을 자극하고 대화를 자연스럽게 열 수 있다.

"사실 제가 이번에 집수리와 관련해 작은 고민이 생겼는데, 과거에 비슷한 경험이 있으셨다기에 어떤 방식이 좋을지 꼭 여쭤보고 싶었습니다. 어떤 방식이 좋을까요?"

조언을 들었으면 반드시 감사의 인사를 전하라.

"아, 정말 감사합니다. 말씀 덕분에 큰 도움이 되겠어요."

"나중에 또 상의드릴 일이 생기면 부탁드릴게요."

이렇게 마무리하면, 고객은 '내가 저 사람에게 의미 있는 조언을 해 줬구나'라는 생각에 자부심을 느낀다.

이처럼 조언을 구하면서 대화 시간이 자연스럽게 늘어나고 그 과정에서 호감도도 상승한다. 점점 더 친밀감이 쌓이면 당신의 상품에 대한 신뢰도 함께 높아진다. 인간적으로 먼저 친해지면, 훗날 상품 제안이 들어가도 고객은 긍정적으로 들어줄 가능성이 커진다.

세일즈맨이라고 해서 늘 가르치거나 조언해 주는 위치에만 있으라는 법은 없다. 오히려 고객에게 조언을 구하는 순간 고객은 심리적 친밀감을 느낀다.

상품보다 사람이 먼저라는 사실을 기억하라. 고객이 당신을 '내게 조언을 구하는 믿을 만한 지인'으로 여기면 세일즈도 훨씬 수월해진다.

기억하자. 고객과의 관계가 반드시 일방적인 관계일 필요는 없다. 서로 주고받는 상호보완적인 관계일 수도 있기에, 무엇을 줄까를 고민하기 이전에 무엇을 얻을까를 고민해도 좋다.

"고객님 제가 드리는 조언 꼭 참고해 주세요." (X)

"고객님 제가 고민이 있는데 조언 좀 부탁드려도 될까요?" (O)

POINT 때로는 고객에게 조언하지 말고 조언을 구하라. 조언을 받는 순간 친밀감이 상승한다. 이 과정에서 쌓인 신뢰가 이후 성과로 이어진다.

말주변 없는
세일즈맨을 구원할 질문

고객과의 대화에서 말하기와 듣기 중 어느 쪽이 편한가? 만약 듣기가 편하다면 고객과의 거리를 좁히는 강력한 질문이 있다.

"처음에 어떻게 시작하셨어요?"

대부분 사람은 '내가 처음 이 일을 어떻게 시작했는지' 이야기를 하는 순간 추억과 열정이 살아난다. 그래서 기분 좋게, 혹은 뿌듯하게 자연스럽게 이야기를 풀어놓게 된다.

이 질문은 고객의 나이가 많든, 사회적 지위가 높든, 경험이 많든 상관없이 통한다. 왜냐하면 이 질문에는 "나는 당신의 경험이 궁금합니다. 그만큼 당신을 존중합니다."는 뜻이 담겨 있기 때문이다. 이 긍정적 신호가 심리적 거리를 확 줄여 준다.

말주변이 없어도 이 질문을 활용하면 대화가 보다 편안해진다. 고객이 자연스럽게 이야기하도록 깔아 주었기 때문이다. 그저 열심히 들어 주기만 해도 호감도는 상승한다.

●

고객이 즐겁게 이야기를 풀어놓게 하라

"지금 엄청난 규모로 사업을 하시잖아요. 저 궁금한 게 있는데요, 처음엔 어떻게 시작하셨습니까?"

"처음에는 진짜 아무것도 모르고 친구 가게에서 알바하듯 배웠죠."

"와, 그러셨군요! 그럼 그때부터 지금처럼 크게 키운 과정이 있으셨을 텐데, 좀 더 자세히 듣고 싶습니다."

고객이 이야기를 시작하면 호기심 가득한 눈빛으로 들어 주어라. 리액션도 하고 맞장구도 쳐 주자.

"정말 대단하십니다! 사실 그런 경험 들으니까 저도 여러모로 도움되는데요…"

이렇듯 고객이 편하게 스스로의 이야기를 풀어내면 분위기는 한결 부드러워진다. 나중에 상품 제안을 하더라도, 고객이 훨씬 긍정적으로 받아들일 가능성이 커진다.

"제가 이 일을 어떻게 시작하게 되었냐면요…." (X)

"처음에 어떻게 시작하셨어요?" (O)

POINT "처음에 어떻게 시작하셨어요?"라고 물어라. 고객은 편하게 본인의 이야기를 하게 된다. 그저 듣고, 반응해 주어라. 당신을 향한 호감은 상승한다.

고객을 사로잡는
돗자리 화법

답답한 마음에 점집을 방문했다. 내 얼굴을 한참 쳐다보던 역술가가 이렇게 운을 뗀다.

"당신은 현재 자신의 모습보다 내일의 자신이 조금 더 나을 거라는 막연한 기대를 가지고 있네요. 그래서 자기계발에도 관심이 많으시겠네요."

'헉, 어떻게 알았지? 용하다.'

이처럼 '어떻게 날 이렇게 잘 알지?' 하고 고객이 놀라는 순간이 바로 '포러Forer 효과'가 작동하는 순간이다.

포러 효과란 누구에게나 적용될 수 있는 모호하고 일반적인 성격 묘사를 자기에게 딱 맞는 설명이라고 믿는 현상을 말한다.

흔히 상대방에 대해 잘 맞히면 '돗자리를 깐다'고 말한다. 돗자리 화법으로 고객의 눈 앞에서 돗자리를 깔아 보자.

고객에게 보편적이면서 긍정적인 특징을 말하면 대부분 자기와 일치한다고 느낀다. 그러면 당신이 자신에게 관심이 많고 '나를 잘 안다'고 믿게 된다. 고객과 당신의 심리적 거리는 확 줄어든다.

●

먼저 관심을 갖고 고객을 관찰하라

포러 효과를 활용하기 위해서는 고객이 어떤 취미나 생활 패턴을 가졌는지 충분한 관심과 관찰이 필요하다. 가령 영유아 자녀를 둔 부모인지, 주말에 캠핑을 즐기는 사람인지, 아니면 등산 애호가인지 등 라이프스타일을 먼저 파악해야 한다.

그런 뒤 보편적이면서 고객이 자신과 일치한다고 믿을 만한 특징을 두어 개 짚어 주면 된다. 이때 '긍정적인 면'을 이야기하면 더 효과적이다.

이어서 "그렇다면 고객님께 딱 맞는 게 있죠." 하고 거부감 없이 제안할 수 있다.

① 자동차 세일즈

"고객님처럼 주말마다 가족들과 소통하는 시간을 좋아하시는 분들은 보통 넉넉한 SUV 차를 선호하시더라고요. 맞으시죠?"

② 교육 프로그램

"고객님께서는 지금보다 내일이 더 나을 거라는 믿음, 즉 자기계발을 중시하시는 분 같아요. 그러니 이 과정이 딱입니다."

③ 뷰티 · 화장품

"꾸미실 때 상황에 맞는 연출을 중요시하면서, 가끔은 과감한 시도도 하시는 스타일이시죠? 그런 분들이 요즘 이 라인을 많이 찾으세요."

고객에 대한 관심을 바탕으로 포러 효과를 적용해 보자. 고객이 "맞아요! 정말 그래요!"라고 공감하는 순간 대화는 보다 유리해진다.

'내가 당신을 이해하고 있다'는 메시지를 긍정적으로 주어라. 고객은 당신을 '나를 알아 주는 사람'이라고 느끼면 당신의 제안에 더 귀 기울일 것이다. 아, 물론 가장 중요한 건 무엇보다 고객을 향한 당신의 관심이다. 그러니 먼저 고객을 관찰하고, 또 관찰하라.

"이 상품이 좋으니까 꼭 알아보세요." (X)

"고객님처럼 자기계발을 중시하시는 분들은 특히 이 과정을 좋아하시더라고요. 맞으시죠?" (O)

POINT 포러 효과를 활용한 돗자리 화법으로 고객을 사로잡아라. 심리적 거리가 확 줄어든다.

고객의 문제는
고객도 모른다

처음 만난 고객에게 "어떤 문제가 있으세요?"라고 물어봤자 고객이 곧바로 자기 문제를 술술 털어 놓지 않는 경우가 대다수다. 심지어 대다수 고객은 자신의 문제가 무엇인지 명확히 모르는 경우가 더 많다.

그러므로 "문제 있으세요?" 대신 "고객님도 이런 고민과 문제가 있으시죠?"라고 물어라.

"이번 달에만 고객님처럼 개인사업하시는 분을 열 분 정도 뵈었는데요, 다들 공통적으로 2가지 문제를 호소하시더라고요."

"첫째, 세금 문제로 갑작스러운 지출이 생긴다는 것. 둘째, 매출 변동이 심해서 자금 흐름 관리가 어렵다는 것."

"고객님도 혹시 그런 어려움이 있지 않으세요? 어떠세요?"

이렇게 물으면 그간 자신의 문제를 명확하게 인식하지 못했던 고객조차 자연스럽게 자신 역시 그러한 문제가 있다는 걸 깨닫게 된다.

또한 '나만 그런 게 아니구나' 하며 공감하고 안심하게 된다. 문제를 깨닫든 안심했든 어쨌든 좋다. 왜냐하면 당신을 향한 심리적 장벽이 낮아졌기 때문이다. 고객이 자연스럽게 자신의 이야기를 꺼내기가 한결 쉬워진다.

·

고객의 입을 스스로 열게 하는 질문

고객에게 "문제 있나요?"라고 직접 묻지 말고, "다른 분들은 이런 문제를 말하시던데, 고객님은 어떠세요?"라고 질문하라.

① 보험 설계

"지난 주만 해도 고객님처럼 아이 둘 있으신 분들 세 가정을 상담했는데요. 공통적으로 자녀 교육비와 의료비에 대한 불안을 많이 느끼시더라고요. 고객님도 혹시 그런 고민 있으세요?"

② IT 솔루션

"최근에 비슷한 규모 회사 세 군데에서 이 솔루션 문의를 주셨는데, 다들 데이터 관리와 인력 비용 문제로 힘들다고 하시더라고요.

대표님 회사에도 혹시 그런 어려움 있으세요?"

③ 교육 프로그램

"한 달 사이에 고등학생 자녀를 둔 부모님 열 분 이상을 만나 뵀는데
요. 공통적으로 진로 문제랑 수시 대비 때문에 스트레스 받으신다고 하
시더라고요. 혹시 어머님께서도 이런 부분 고민 중이세요?"

고객의 문제는 고객도 모른다. 이처럼 다른 고객들이 겪었던, 그래서
눈앞의 고객 역시 겪을 수 있는 문제를 먼저 말해 주어라. 고객은 당신
을 보다 전문가라고 느낄 것이다. 이어지는 대화 역시 보다 의미 있는
방향으로 흘러갈 것이다.

한 문장을
바꾸면
팔린다!

"고객님께선 어떤 문제가 있으신가요?" (X)

**"이번 달에 열 분의 고객님을 뵀는데, 하나같이 이런 문제를
말씀하시더라고요. 고객님은 어떠세요?" (O)**

POINT 고객의 문제는 고객도 모른다. 그러니 "다른 분들은 이런 문제
를 말씀하시던데, 고객님은 어떠세요?"라고 물어라. 고객이 스스로 문제
를 인식하고 말을 꺼낸다.

반품, 환불, 취소를
절반으로 줄이는 법

우리는 어떤 광고를 가장 유심히 볼까? 관심 있는 상품? 눈여겨본 상품? 물론 맞다. 하지만 의외로 우리는 우리가 이미 구입한 상품의 광고를 더 유심히 보기도 한다. 이미 샀는데, 또 살 것도 아닌데 왜 관심을 둘까? 그 이유는 '내가 한 선택이 옳았음을 확인'하고 싶기 때문이다. '역시 나는 현명하게 잘 샀어'라고 안도하고 싶기 때문이 아닐까.

세일즈도 마찬가지다. 반품, 환불, 취소로 이어지지 않기 위해선 구매할 때부터 고객이 확신을 갖게 만들어야 한다.

그럼 어떻게 해야 할까? 고객에게 선택권을 주어라. 선택을 앞둔 고객에게 한 가지의 상품만 들이밀기보다 두세 가지를 제안하고 고객이 선택하게 하라. 고객이 선택의 주체가 되어야 '내가 잘 샀다'라는 확신이 생긴다. 그래야 반품·환불·취소가 절반 이하로 줄어든다.

●

스스로 잘 선택했다고 느끼게 만들어라

당신이 A가 정답이라고 생각해도, "고객님, 반드시 A를 사세요."라고 강요하지 마라. 기능이나 장점은 알려 주되, 결정은 고객이 하도록 만들라.

"고객님 보시는 사양엔 A랑 B가 딱 맞아요. 어떤 걸 선택하시든 탁월한 선택하시는 겁니다."

"고객님, 두 가지가 가장 잘 맞으실 것 같아요. A의 장점은 이렇고, B의 장점은 이렇습니다. 직접 골라 보시죠!"

이렇게 자신이 선택한 것은 좋은 것이라고 더 각인하게 된다. 설사 사소한 단점이 발견되더라도 자신의 선택이 틀리지 않았다고 믿고 싶어 한다. 당연히 반품이나 취소 가능성이 확연히 줄어든다.

한 문장을
바꾸면
팔린다!

"이 모델이 최신상이니까 이걸로 하세요." (X)

"A모델과 B모델이 고객님께 맞는데, 이 중 어떤 걸로 선택하시겠어요?" (O)

POINT 고객에게 선택권을 주어라. 그래서 직접 고르게 하라. 고객이 직접 선택했다는 그 확신이 후회할 확률을 줄여 준다.

고객의 불안을 잠재우는
늦치기 화법

고객이 불안이나 불만을 표할 때 "그렇진 않아요." 하며 반박하거나 "요즘 다 그렇게 씁니다."라고 대수롭지 않게 넘기면 오히려 의심이 깊어질 수 있다.

이럴 때 활용할 수 있는 방법이 있다. 바로 '늦치다'라는 개념이다. '어떤 말이나 행동을 문제 삼지 않고 슬쩍 넘긴다'는 뜻이다. 고객 말을 무시하라는 게 아니다. 다른 관점을 제시해서 생각의 전환점을 만들어 주는 것이다.

"핵심 부품이 중국산이라고 하던데… 품질이 좀 의심돼서요."

우선은 고객 감정을 인정해 주어라.

"그럴 수 있죠. 충분히 걱정하실 만해요."

그런 다음 '다르게 생각하면'이라고 운을 떼면 관점을 전환해 주자.

"다르게 생각하면, 아이폰도 핵심 부품을 외부에서 가져다 쓰는데 그것만으로 아이폰의 가치를 폄하하지는 않으시잖아요. 진짜 중요한 건 제품이 주는 만족감, 그리고 브랜드 철학이죠."

이처럼 고객이 생각하지 못한 새로운 관점을 강조하자.

"저희 차도 마찬가지예요. 부품은 이미 글로벌 스탠더드로 이미 최고 품질을 자랑합니다. 저희 브랜드만의 철학과 고객 경험이 핵심 가치입니다. 어떤 기준을 가지고 선택하셔야 할지 차근차근 설명해 드리겠습니다."

이렇듯 자연스럽게 능치면 부드럽게 고객의 의심을 허물 수 있다.

●

공감한 뒤에 관점을 바꿔 주자

고객이 문제·불안·의심을 제기하면, 그걸 무시하거나 '요즘은 다 그렇다'는 식으로 대답하지 마라. "맞습니다, 그럴 수 있습니다."로 먼저 공감해 주고, '다르게 생각하면'으로 관점을 뒤집어 주자.

① 의류 매장

고객: "이 원단이 100% 국내산이 아니라 반은 수입 소재래요."

판매자: "그렇죠, 소재에 대한 염려가 있으실 수 있어요. 그런데 다르게 생각하면, 명품 브랜드들도 글로벌로 원단 소싱을 많이 해요. 결국

얼마나 퀄리티 관리가 잘 되느냐가 관건이거든요. 저희 브랜드는 그 부분에서 확실한 기준을 세우고 있습니다.”

② 식품·식당

고객: “소스가 외국에서 들여오는 거라 불안한데요?”

점원: “네, 요즘 아무래도 외국산이라 하면 걱정이 들 수 있어요. 다르게 생각하면, 스파게티 소스도 이탈리아 수입품을 많이 쓰지만 오히려 그 맛이 정통이라고 해서 더 인기를 끌잖아요. 저희도 철저히 품질 테스트 거쳐 들여옵니다. 안심하셔도 돼요.”

③ 보험 상품

고객: “좋아 보이긴 하는데 보장이 조금 부족한 건 아닐까요?”

상담사: “물론 그렇게 느끼실 수 있습니다. 다만 다르게 생각하면, 그만큼 합리적인 보장으로 필요한 부분만 잘 가입하신 겁니다. 보험은 가입보다 중요한 게 유지라는 거 잘 아시죠? 이 정도면 충분합니다.”

④ 전자제품

고객: “칩셋이 해외 제조라 성능이 떨어지지 않을까요?”

상담사: “충분히 그렇게 느끼실 수 있어요. 다르게 생각하면, 글로벌 칩셋들은 이미 여러 브랜드에서 사용되며 최적화가 잘되어 있어요. 오히려 수많은 검증을 거친 제품이라 장점이 더 많아요. 게다가 저희 쪽에서 펌웨어로 성능·안정성을 최적화했으니 안심하셔도 됩니다.”

'언급된 문제'를 직접 반박하기보다, 누구나 수긍할 만한 다른 관점으로 능쳐 보자. 그러면 고객은 '아, 그렇게 생각할 수도 있구나' 하며 걱정을 내려놓는다. '다르게 생각하면'은 고객 불안을 새로운 관점으로 바꿔 주는 강력한 키워드다.

"그렇지 않아요." (X)

"그럴 수 있죠. 다르게 생각하면….." (O)

POINT 고객의 불안을 반박하지 말고 능쳐라. "그럴 수 있죠."로 공감한 뒤, "다르게 생각하면"으로 관점을 전환해 줘라.

가격 저항을 기회로 바꾸는 역치기 화법

"가격이 너무 비싸요!"

이 말을 듣게 된 대부분의 세일즈인들은 당황하거나 방어적으로 변한다.

"아니에요. 하나도 안 비싸요!"

하지만 이런 반응은 고객과의 신경전만 야기시킬 수 있다.

고객은 '역시 비싸지 않다고 우기기만 하는구나'라며 마음의 문을 더 굳게 닫아 버릴 수도 있기 때문이다.

그렇다면 어떻게 해야 할까?

고객의 말을 정면으로 받아치지 말고 역으로 치며 물어보는 것이다.

"아, 왜 이 가격일 수밖에 없는지 그 이유를 찾고 계신다는 거죠? 알겠습니다. 설명해 드리겠습니다.”

●

가격 저항을 호기심으로 바꿔라

“비싸요.”라는 말에 “안 비싸요.”로 맞받아치면 그 순간 판매자와 고객은 대립 구도에 놓인다. 누가 옳았느냐를 따지는 논쟁이 되어 버린다.

하지만 역치기 화법은 다르다.

고객의 ‘비싸다’는 반응을 ‘가격의 이유를 궁금해한다’는 신호로 재해석해 버리는 것이다. 고객 역시 자신도 모르게 ‘아, 그래. 나는 지금 왜 비싼지 궁금한 거야. 그래, 한번 들어나 보자’라고 받아들이게 된다. 대화의 흐름이 바뀌면 논쟁이 아닌 설명의 기회가 열리는 것이다.

① 고급 레스토랑 예약 문의

고객: “런치 코스가 8만 원이라고요? 너무 비싼데요.”

직원: “아, 왜 이 가격일 수밖에 없는지 궁금하시다는 거죠? 당연합니다. 저희는 매일 아침 제주에서 공수한 식재료만 씁니다. 그러다 보니 이 가격이 나올 수밖에 없습니다.”

② 프리미엄 화장품 매장

고객: “크림 하나가 15만 원이요? 너무 비싸요.

직원: “아, 왜 이 가격인지 궁금하신 것 같아요. 주원료를 스위스 알프

스에서 자생하는 희귀 성분으로 썼어요. 그리고 그 성분을 7년간 연구해서 개발한 제품이다 보니 가격 이상의 가치를 느끼실 수 있습니다."

③ 인테리어 견적 상담

고객: "다른 데는 300만 원이던데, 여긴 500만 원이나 해요?"

상담사: "왜 비용이 더 높은지 궁금하시다는 거죠? 잘 아시겠지만 인테리어는 자재보다 중요한 게 시공 능력입니다. 저희는 20년 이상의 경력 장인이 직접 시공합니다. 물론 자재도 친환경 1등급 자재만 쓰고요. 1~2년 쓰실 제품 선택하시는 게 아니기에 장기적으로는 되려 더 아끼시는 겁니다."

기억하자. 고객이 "비싸요."라고 말한다는 건 공격이 아니다.

'왜 비싼지 납득할 만한 이유를 말해 달라'는 요청이다.

그 신호를 제대로 읽고 역으로 쳐라. 가격 저항은 결국 설명의 기회로 바뀐다.

한 문장을
바꾸면
팔린다!

"아니에요. 하나도 안 비싸요." (X)

"왜 이 가격일 수밖에 없는지 궁금하시다는 거죠?" (O)

POINT 고객의 "비싸요."를 부정하지 마라. '이유를 궁금해하는구나'로 재해석하라. 그 순간 논쟁이 아닌 설명의 기회가 열린다.

딱 세 글자로
고객 동공 확장시키기

"탈모 치료 꼭 받아야 하나요?"

"지금 당장 수리해야 하나요?"

"우리 애가 그렇게 뒤처진 건가요?"

고객이 이렇게 묻는다면? 판매하는 입장에선 적절한 위기감을 주며 선택의 시점을 조금이라도 더 앞당기고 싶어진다.

"지금 안 하시면 나중에 큰일 납니다!"

"손 쓸 수 없을 때까지 기다리실 건가요?"

하지만 직접적인 공포 소구는 역효과를 낳기 쉽다. 고객은 '뭐야, 겁주나?'라며 오히려 거부감을 느낀다. 그렇다면 어떻게 해야 할까?

위협하지 말고 여지를 남겨라.

"본격적인 탈모가 진행되지는 않을 것 같아요. 아직은."

'아직은', 이 세 글자만 덧붙이면 상황은 완전히 달라진다.

•

불안을 강요하지 말고 스스로 느끼게 하라

'아직은'이라는 말에는 묘한 힘이 있다. 겉으로는 안심시키는 것처럼 들리지만, 동시에 '하지만 언젠가는'이라는 암시를 남긴다. 고객은 강요받는 느낌 없이 스스로 불안을 느끼기 시작한다.

'아직은 괜찮다고? 그럼 언제부터 문제가 되는 거지?'

이 순간, 고객의 머릿속에서 질문이 생긴다. 그리고 그 질문을 참지 못하고 입 밖으로 꺼낸다.

"아, 그래요? 그럼 언제부터 그런 일이 일어날까요?"

이 순간, 판매자가 설명할 기회를 고객 스스로 만들어 낸다. 이때부터 당신의 설명은 그저 그런 '겁주는 말'이 아니라, '고객의 질문에 대한 답변'이 된다. 고객은 귀를 열고 당신의 말에 집중하기 시작한다.

① 탈모 클리닉 상담

"지금 보시면 모발 밀도가 많이 낮아진 건 아닙니다, 아직은. 하지만 4개월 후에는 장담하기 어렵습니다."

② 자동차정비소

"엔진 상태가 심각한 수준은 아닙니다, 아직은. 다만 이 부품이 마모되면 수리비가 지금의 3배 정도 나올 수도 있습니다. 더 미루지 마세요."

③ 학원 상담

"자녀분이 지금 많이 뒤처졌다고 생각하지는 않습니다, 아직은. 하지만 중학교 올라가면 따라잡기는 더 힘들어질지도 모릅니다."

④ 보험설계사

"다행히 건강검진 결과상 보험 가입이 불가능한 상태는 아니십니다, 아직은. 다만 몇 개월 후에는 어떻게 될지 아무도 장담할 수 없습니다."

⑤ 경영컨설팅

"현재 매출 하락 추세가 심각한 수준은 아닙니다, 아직은. 하지만 이 속도라면 내년에는 적자로 전환이 불가피해 보입니다."

기억하자. 고객을 겁주려고 하지 마라. 겁주는 순간 고객은 도망치려 한다. 대신 '아직은'이라는 세 글자로 여지를 남겨라. 고객이 스스로 불안을 느끼고 스스로 질문하게 된다. 그때부터 당신의 설명은 더 이상 강요가 아닌, 꼭 필요한 조언이 된다.

"지금 안 하시면 나중에 큰일 납니다." (X)

"~하지는 않을 것 같습니다, 아직은." (O)

POINT 직접적인 공포 소구 대신, '아직은'이라는 세 글자로 여지를 남겨라.

숨은 고객 찾기를 잘해야
세일즈의 고수

"남편이랑 상의해 볼게요."

"아내한테 물어봐야 해서요."

"대표님께 여쭤보고 다시 연락드릴게요."

한 시간 넘게 열심히 설명했고, 고객도 만족스러워 보였는데, 마지막 순간에 이런 말을 듣는다. 그 순간 그간의 노력이 물거품이 된 기분이다.

왜 이런 일이 생길까?

눈앞의 고객만 보고 설명했기 때문이다. 진짜 결정권자는 따로 있었 는데 말이다. 그 사실을 너무 늦게 알아 버린 것이다.

그렇다면 언제 어떻게 물어봐야 할까?

설명이 끝난 뒤가 아닌, 설명 중간에 확실하게 물어봐야 한다.

이 질문 하나로 숨은 고객을 찾아 낼 수 있다.

•

진짜 고객은 눈앞에 없을 수도 있다

보험에 가입하는 것도, 가전제품을 사는 것도, 계약서에 사인하는 것도, 결국 돈을 쓰는 일이다. 그리고 돈을 쓰는 대부분의 일에는 최종 의사 결정권자가 있다.

배우자일 수도, 부모님일 수도, 상사일 수도 있다. 눈앞의 고객 머릿속 어딘가 똬리를 틀고 앉아 있는 진짜 결정권자 말이다.

문제는 판매자가 이 사실을 간과한 채 눈앞의 고객만 보고 끝까지 설명을 이어간다는 것이다. 결국 고객은 "좋아 보이기는 하는데, 일단 상의해 볼게요."라며 자리를 뜬다. 그러니 부디 중간에 물어야 한다.

"혹시 다른 분과도 상의하셔야 하나요?"

이 질문을 던지면 2가지 상황이 펼쳐진다.

첫째, 결정권이 본인에게 있는 경우다.

"아니요, 제가 결정하면 됩니다."

좋다. 눈앞에 있는 이 고객만 설득하면 된다는 확신이 생긴다.

둘째, 결정권이 다른 사람에게 있는 경우다.

"아, 남편이랑 얘기해 봐야 해요."

괜찮다. 이제부턴 이 고객이 남편을 잘 설득할 수 있도록 설명 방향을 바꾸면 된다.

"아, 그러시군요. 그럼 남편분께서 가장 궁금해하실 만한 부분이 뭘까요? 제가 그 부분 좀 더 자세하게 설명해 드리겠습니다."

그럼 고객은 최종 의사 결정권자인 남편이 관심 가질 만한 내용을 스스로 말해 준다. 그러면 그에 맞춰 다시 한번 설명하면 된다.

① 인테리어 상담

직원: "혹시 다른 분과도 상의하셔야 하나요?"

고객: "네, 아내랑 같이 결정해야 해서요."

직원: "알겠습니다. 그럼 사모님께서 가장 신경 쓰시는 부분은 어떤 부분일까요? 디자인과 실용성, 이 두 가지를 놓고 봤을 때 각각의 중요도를 몇 점 정도 주실 수 있을까요?"

② B2B 영업

영업사원: "혹시 다른 분과도 상의하셔야 하나요?"

고객: "네, 대표님 결재를 받아야 합니다."

영업사원: "그렇군요. 그럼 담당자님 생각하시기에 대표님께서 가장 중요하게 생각하시는 부분은 어떤 부분인 것 같다고 느끼셨어요?"

③ 자동차 구매 상담

딜러: "혹시 다른 분과도 상의하셔야 하나요?"

고객: "아, 부모님께서 사 주시는 거라서요."

딜러: "아, 그러시군요! 그럼 부모님께서 가장 걱정하시는 부분이 어떤 부분인지 여쭤봐도 될까요?"

숨은 고객을 찾아내는 것. 이것이 세일즈 고수와 하수를 가르는 지점이다.

그러니 부디 설명 중간에 슬쩍 물어라.

"혹시 다른 분과도 상의하셔야 하나요?"

그래야 진짜 최종 의사 결정권자를 발견할 수 있다.

한 문장을
바꾸면
팔린다!

"마음에 드시면 결정하시죠." (X)

"혹시 다른 분과도 상의하셔야 하나요." (O)

POINT 숨은 고객이 누구일지 설명 중간에 슬쩍 물어라. 그래야 그에 맞춰 설명할 수 있다.

판매 성공률 확 올리는 소프트클로징 질문

'흠… 설명은 충분히 한 것 같은데, 이제 뭐라고 말하지? 그냥 "사실 건가요?"라고 물으면 너무 노골적이라 부담스러워할 것 같은데….'

상품 설명을 마쳤다. 고객도 충분히 관심 있어 보인다. 하지만 아직 결정을 내리진 않았다.

이럴 때 대부분의 판매자는 망설인다. 계속 설명만 하자니 나도 힘들고 고객도 힘들다. 그렇다고 "사실 건가요?"라고 묻자니 너무 노골적이다.

어떻게 해야 할까?

부담 없이, 하지만 확실하게 고객의 결심을 앞당기는 소프트 클로징 질문을 던져라.

"이렇게 선택하신다고 가정하고, 일단 고객님께 가장 유리한 조건부터 먼저 알아봐드려도 괜찮으실까요?”

이 질문 하나로 상황은 달라진다.

•

구매 압박 없이 결심을 이끌어 내라

“사실 거예요?”라는 질문은 고객에게 즉각적인 대답을 요구한다. 그래서 부담스럽다. 고객은 “아, 글쎄요….”라며 한발 물러서게 될지도 모른다.

하지만 산다고 가정만 하고 “알아봐 드릴까요?”라고 질문하면 다르다.

‘가정’이라는 단어면 고객은 ‘지금 당장 결정해야 하는 건 아니구나’라고 느끼며 안심한다. 아울러 ‘고객님께 유리한’이라는 표현이 들어가 있기에 ‘나를 위해 알아봐 주려는 거구나’라는 신뢰도 생긴다.

무엇보다 중요한 건 이 짧은 질문 하나로 2가지 힌트를 확인할 수 있다는 것이다.

첫째, 정말로 구매 의사가 있는지 확인할 수 있다.

고객이 “네.”라고 대답했다면, 적어도 긍정적으로 검토 중이라는 뜻이다. 이제 조건만 맞으면 계약으로 이어질 가능성이 높다.

둘째, 가격 외에 다른 걸림돌이 있는지 확인할 수 있다.

만약 고객이 “아, 그런데요….” 하며 다른 이야기를 꺼낸다면? 그것이 진짜 걸림돌이다. 배송 문제일 수도, 사용법에 대한 문제일 수도 있다. 그걸 미리 파악하고 해결해 줄 수 있다.

어떤 경우든, 이 질문은 고객의 결심을 한발짝 앞당긴다.

① 보험 설계 상담

"그럼 이 보험 상품으로 선택하신다고 가정만 하고, 일단 고객님께 가장 유리한 가입 시기부터 먼저 알아봐 드려도 괜찮으실까요?"

② 부동산 중개 상담

"이 집으로 선택하신다고 가정하고, 일단 고객님께 가장 유리한 입주 일자 등부터 한번 알아봐 드릴까요?"

③ 자동차 영업 상담

"이 차량으로 선택하신다고 가정하고, 일단 고객님께 가장 유리한 출고 시점부터 먼저 체크해 드려도 괜찮으실까요?"

④ 렌털 상품 상담

"이렇게 렌털하신다고 가정하고, 일단 고객님께 가장 유리한 약정 조건부터 먼저 알아봐 드려도 괜찮으실까요?"

기억하자. 언제까지 설명만 계속할 수는 없는 노릇이다.

그렇다고 '사실 거예요?'처럼 노골적으로 묻는 것도 부담스럽다.

그땐 이렇게 묻자.

"이렇게 선택하신다고 가정하고, 일단 고객님께 가장 유리한 조건부터 먼저 알아봐 드려도 괜찮으실까요?"

부담 없이, 그러나 확실하게 고객의 결심을 앞당길 수 있다.

"사실 거예요?" (X)

**"구매하신다고 가정만 하고, 일단 유리한 조건부터 알아봐
드릴까요?" (O)**

POINT '가정'으로 부담을 줄이고, '유리한 조건'으로 신뢰를 높여라.
자연스럽게 다음 스텝으로 넘어간다.

할인에는
대가가 따르게 하라

"좀 깎아 주시면 안 될까요?"

고객이 이렇게 요청한다. 당신은 고민 끝에 깎아 주기로 결심한다.

"알겠습니다. 그럼 50만 원 깎아 드릴게요."

고객은 겉으론 고맙다고 한다. 하지만 속으론 이렇게 생각할지도 모른다.

'아, 더 깎아달라고 할 걸 그랬나? 이렇게 쉽게 깎아 주는 걸 보니 원래 가격에 거품이 많았나 보네. 깎아 줘도 엄청나게 남겨 먹는 거 아냐?'라고.

이것이 깎아 주고도 욕먹는 가장 쉬운 방법이다.

그렇다면 어떻게 깎아 줘야 할까?

깎아 주되, 뭐라도 하나 요구하라.

•

거저 할인은 불신을 부른다

고객이 깎아 달라고 했을 때 흔쾌히 깎아 주면, 고객은 2가지를 의심한다.

첫째, '원래 가격에 거품이 많았구나.'

둘째, '더 깎을 수 있는데 더 못 깎았구나. 손해 봤구나.'

그러니 깎아 줄 때 깎아 주더라도 대가를 요구해야 한다.

"알겠습니다. 비용은 어렵지만 맞춰 보겠습니다. 대신 납품 일정은 저희 쪽 일정에 맞춰 주시죠."

이렇게 깎아 주더라도 뭐라도 하나 요구하면 고객의 생각은 바뀐다.

'아, 이 정도 요구를 하는 걸 보니 정말 최대로 깎아 준 거구나.'

판매자가 요구를 한다는 것 자체가 할인의 가치를 증명해 주는 것이다.

① 인테리어 업자

"알겠습니다. 비용은 맞춰 드리겠습니다. 대신 아파트 관리소에서 잘 협조해 줄 수 있게끔 작은 선물이라도 직접 건네 주시죠. 그럼 저희가 조금이라도 더 수월하게 작업할 수 있을 것 같습니다."

② 프리랜서 디자이너

"알겠습니다. 비용은 조정해 드리겠습니다. 대신 포트폴리오로 사용할 수 있게 허락해 주시면 좋겠습니다. 그럼 이 가격에 해 드릴 수 있습니다."

③ 자동차 영업

"알겠습니다. 추가로 이 정도 더 할인해 드리겠습니다. 대신 출고 시기는 저희 쪽 일정에 맞춰 주시겠다는 약속만 부탁드립니다. 그럼 이 금액으로 진행될 수 있도록 저도 보고할 수 있을 것 같습니다."

가격 할인 대신 무언가를 요구하라. 그렇다고 그 요구가 클 필요는 없다. 일정 조정, 주변 추천, 후기 작성, 관계자 협조, 포트폴리오 사용 허락 등 사소한 것이어도 괜찮다.

중요한 것은 '당신에게 뭔가를 요구해야 할 정도로 많이 깎아 준 것이다'라는 인상을 주는 것이다.

그래야 고객도 '아, 내가 뭔가 양보했으니 이 정도 할인을 받은 거구나'라고 생각한다.

기억하자. 깎아 줄 때 깎아 주더라도 뭐라도 하나 요구하라. 그래야 깎아 주고도 욕먹지 않는다.

"알겠습니다. 깎아 드리겠습니다." (X)

"알겠습니다. 대신 ~만 해 주시면 가능할 것 같습니다." (O)

POINT 고객이 할인의 가치를 제대로 느낄 수 있게 반드시 무언가를 대가로 요구하라.

말에 매가리가 없으면
안 팔린다

"이 제품 괜찮은 것 같아요."라고 고객이 말했다면 어떻게 대응하겠는가?

"요즘 꽤 많은 분이 선택하시긴 하더라고요."

"시간 관계상 짧게 말씀드리자면…."

판매자로부터 이런 이야기를 들으면 고객은 어떻게 느낄까?

'흠… 이 사람 확신이 없나 보네. 그럼 나도 확신이 안 서는데?'라고 느낄지 모른다.

잘 팔고 싶다면, 당신의 말에 매가리가 있는지 확인해야 한다. 매가리 없는 말은 고객의 마음을 움직이지 못한다.

◆

확신 없는 말은 불신을 부른다

판매자가 확신 없이 흔들리면 고객도 흔들린다. 반대로 판매자가 확신을 주면 고객도 확신한다. 확신을 담아 당신의 말에 매가리를 실어야 한다.

"많은 고객분을 뵙다 보니 그렇더라고요."

➔ "많은 고객분을 뵈면서 놀라운 사실을 발견했습니다."

"~라고 생각합니다."

➔ "~라고 확신합니다."

"~인 것 같습니다."

➔ "~는 매우 중요합니다."

말에 힘이 실리면 고객도 귀를 기울인다.

① **보험설계사**

"시간 관계상 짧게 말씀드리자면, 이 상품이 괜찮은 것 같아요."

➔ "시간이 없어도 이 부분만큼은 반드시 기억하셔야 합니다. 이 보장은 매우 중요합니다."

② 부동산중개사

"이 지역은 뭐 잘 아실 것 같으니까 대충 넘어가고요."

→ "들어 본 것과 아는 것은 다릅니다. 이 지역은 이것 하나만 기억하시면 됩니다."

③ 건강식품 판매

"건강에 도움이 될 것 같아요."

→ "건강에 반드시 도움이 됩니다. 안 드실 이유가 없습니다."

④ IT솔루션 제안

"저보다도 잘 알고 계시리라 생각됩니다만…."

→ "이 분야에서만큼은 분명 제가 전문가입니다."

기억하자. 말에 매가리가 실려야 잘 팔 수 있다.

"~인 것 같습니다." (X)

"~라고 확신합니다." (O)

POINT 애매한 표현을 버리자. 확신 있는 표현으로 바꾸자. 고객은 당신에게서 느껴지는 확신을 선택한다.